Iniciação à Metodologia Jurídica

Iniciação à Metodologia Jurídica

REVISTA, ATUALIZADA E AUMENTADA

2014 • 3ª Edição

Paulo Ferreira da Cunha

INICIAÇÃO À METODOLOGIA JURÍDICA
Revista, Atualizada E Aumentada
AUTOR
Paulo Ferreira da Cunha
EDITOR
EDIÇÕES ALMEDINA, S.A.
Rua Fernandes Tomás, nºs 76, 78 e 80
3000-167 Coimbra
Tel.: 239 851 904 · Fax: 239 851 901
www.almedina.net · editora@almedina.net
DESIGN DE CAPA
FBA.
PRÉ-IMPRESSÃO
EDIÇÕES ALMEDINA, S.A.
IMPRESSÃO E ACABAMENTO

outubro, 2014
DEPÓSITO LEGAL
....

Apesar do cuidado e rigor colocados na elaboração da presente obra, devem os diplomas legais nela referidos ser sempre objecto de confirmação com as publicações oficiais.
Toda a reprodução desta obra, por fotocópia ou outro qualquer processo, sem prévia autorização escrita do Editor, é ilícita e passível de procedimento judicial contra o infractor.

 GRUPOALMEDINA

BIBLIOTECA NACIONAL DE PORTUGAL – CATALOGAÇÃO NA PUBLICAÇÃO
CUNHA, Paulo Ferreira da
Iniciação à metodologia jurídica. – 3ª ed. rev. atualizada
e aum.
ISBN 978-972-40-5647-0
CDU 340

OUTROS LIVROS DO AUTOR

Ensaios, Teses, Monografias e afins
1987 – (1) *O Procedimento Administrativo*, Coimbra, Almedina, 1987 (esgotado); (2) *Quadros Institucionais – do social ao jurídico*, Porto, Rés, 1987 (esgotado); refundido e aumentado no volume; (2a) *Sociedade e Direito*. *Quadros Institucionais*, Porto, Rés, 1990 (esgotado); **1988** – (3) *Introdução à Teoria do Direito*, Porto, Rés, 1988 (esgotado); (4) *Noções Gerais de Direito*, Porto, Rés, 1ª ed., 1988, 2ª ed. 1991, outras eds. ulteriores (em colaboração). Edição bilingue português-chinês, revista, adaptada e muito aumentada: *Noções Gerais de Direito Civil*, I, trad. de Vasco Fong Man Chong, Macau, Publicações O Direito, ed. subsidiada pelo Instituto Português do Oriente e Associação dos Advogados de Macau, 1993); (5) *Problemas Fundamentais de Direito*, Porto, Rés, 1988 (esgotado); **1990** – (6) *Direito*, Porto, Edições Asa, 1990; 2ª ed. 1991; 3ª ed., 1994 (esgotado); (7) *Mito e Constitucionalismo*. *Perspectiva conceitual e histórica*, Coimbra, 1988, Separata do "Suplemento ao Boletim da Faculdade de Direito de Coimbra", vol. III, Coimbra, 1990 (esgotado); (8) *Pensar o Direito* I. *Do realismo clássico à análise mítica*, Coimbra, Almedina, 1990 (esgotado); (9) *Direito. Guia Universitário*, em colaboração, Porto, Rés, 1990 (esgotado); **1991** – (8b) *Pensar o Direito* II. *Da Modernidade à Postmodernidade*, Coimbra, Almedina, 1991 (esgotado); (10) *História da Faculdade de Direito de Coimbra*, Porto, Rés, 1991, 5 vols. (com colaboração); **1992** – *Mythe et Constitutionnalisme au Portugal (1777-1826). Originalité ou influence française?*, Paris, Université Paris II, 1992 (tese policopiada e apenas editada ainda parcialmente); **1993** – (11) *Princípios de Direito. Introdução à Filosofia e Metodologia Jurídicas*, Porto, Rés, 1993 (esgotado); **1995** –(12) *Para uma História Constitucional do Direito Português*, Coimbra, Almedina, 1995 (esgotado); (13) *Tópicos Jurídicos*, Porto, Edições Asa, 1ª e 2ª ed., 1995 (esgotado); (14) *"Peço Justiça!"*, Porto, Edições Asa, 1995 (esgotado) – há edição em Braille, Porto, Centro Prof. Albuquerque e Castro, nº 1176, 8 v.; (15) *Amor Iuris, Filosofia Contemporânea do Direito e da Política*, Lisboa, Cosmos, 1995 (esgotado); **1996** – (16) *Constituição, Direito e Utopia. Do Jurídico-Constitucional nas Utopias Políticas*, Coimbra, Faculdade de Direito de Coimbra, Studia Iuridica, Coimbra Editora, 1996; (17) *Peccata Iuris. Do Direito nos Livros ao Direito em Acção*, Lisboa, Edições Universitárias Lusófonas, 1996; (18) *Arqueologias Jurídicas. Ensaios jurídico-humanísticos e jurídico-*

INICIAÇÃO À METODOLOGIA JURÍDICA

-*políticos*, Porto, Lello, 1996; **1998** – (19) *Lições Preliminares de Filosofia do Direito*, Coimbra, Almedina, 1998, esgotado, há 2ª ed. e 3ª ed.; (20) *A Constituição do Crime. Da substancial constitucionalidade do Direito Penal*, Coimbra, Coimbra Editora, 1998; (21) *Instituições de Direito*. I. *Filosofia e Metodologia do Direito*, Coimbra, Almedina, 1998 (organizador e coautor); (22) *Res Publica. Ensaios Constitucionais*, Coimbra, Almedina, 1998; **1999** – (23) *Lições de Filosofia Jurídica. Natureza & Arte do Direito*, Coimbra, Almedina, 1999; (24) *Mysteria Ivris. Raízes Mitosóficas do Pensamento Jurídico-Político Português*, Porto, Legis, 1999; **2000** – (25) *Le Droit et les Sens*, Paris, L'Archer, dif. P.U.F., 2000; (26) *Teoria da Constituição*, vol. II. *Direitos Humanos, Direitos Fundamentais*, Lisboa, Verbo, 2000; (27) *Temas e Perfis da Filosofia do Direito Luso-Brasileira*, Lisboa, Imprensa Nacional-Casa da Moeda, 2000; (20a) *Instituições de Direito*. vol. II. *Enciclopédia Jurídica*, (organizador e coautor), Coimbra, Almedina, 2000; (28) *Responsabilité et culpabilité. Abrégé juridique pour médecins*, Paris, P.U.F., 2000 (esgotado); **2001** – (29) *O Ponto de Arquimedes. Natureza Humana, Direito Natural, Direitos Humanos*, Coimbra, Almedina, 2001 (esgotado); (30) *Propedêutica Jurídica. Uma perspectiva jusnaturalista*, Campinas, São Paulo, Millennium, 2001 (em colaboração com Ricardo Dip); **2002** – (31) *Lições Preliminares de Filosofia do Direito*, 2ª edição revista e atualizada, Coimbra, Almedina, 2002; (25a) *Teoria da Constituição*, vol. I. *Mitos, Memórias, Conceitos*, Lisboa, Verbo, 2002; (32) *Faces da Justiça*, Coimbra, Almedina, 2002 (esgotado); **2003** – (33) *Direitos Humanos. Teorias e Práticas*, Coimbra, Almedina, 2003 (org.), com Prefácio de Jorge Miranda; (34) *O Século de Antígona*, Coimbra, Almedina, 2003; (35) *Teoria do Estado Contemporâneo* (org.), Lisboa / São Paulo, Verbo, 2003; (36) *Política Mínima*, Coimbra, Almedina, 2003 (esgotada a 2ª ed.); (37) *Miragens do Direito. O Direito, as Instituições e o Politicamente Correto*, Campinas, São Paulo, Millennium, 2003; (38) *Droit et Récit*, Québec, Presses de l'Université Laval, 2003; **2004** – (39) *Memória, Método e Direito*, Coimbra, Almedina, 2004 (esgotada a 2ª ed.); (40) *O Tímpano das Virtudes*, Coimbra, Almedina, 2004; (41) *Filosofia do Direito – Primeira Síntese*, Coimbra, Almedina, 2004 (esgotado); (42) *Direito Natural, Religiões e Culturas*, org., Coimbra, Coimbra Editora, 2004; **2005** – (43) *Anti-Leviatã*, Porto Alegre, Sérgio Fabris, 2005; (44) *Repensar a Política. Ciência & Ideologia*, Coimbra, Almedina, 2005 (esgotado; há 2ª ed.); (45) *Lusofilias. Identidade Portuguesa e Relações Internacionais*, Porto, Caixotim, 2005 (Menção Honrosa da SHIP); (46) *Escola a Arder*, Lisboa, O Espírito das Leis, 2005; (35a) *Política Mínima*, 2ª ed., corrigida e atualizada, Coimbra, Almedina, 2005 (esgotado); (47) *Novo Direito Constitucional Europeu*, Coimbra, Almedina, 2005; (48) *História do Direito. Do Direito Romano à Constituição Europeia*, Coimbra, Almedina, 2005 (em colaboração com Joana de Aguiar e Silva e António Lemos Soares), esgotado, há reimpressão; (49) *Direito Natural, Justiça e Política*, org., Coimbra, Coimbra Editora, vol. I, 2005; (50) *O Essencial sobre Filosofia Política Medieval*, Lisboa, Imprensa Nacional-Casa da Moeda, 2005; **2006** – (51) *O Essencial sobre Filosofia Política Moderna*, Lisboa, INCM, 2006; (52) *Per-Curso Constitucional. Pensar o Direito Constitucional e o seu Ensino*, Prefácio de Manoel Gonçalves Ferreira Filho, São Paulo, CEMOROC-EDF-FEUSP, Escola Superior de Direito Constitucional, Editora Mandruvá, 2006 (esgotado); (53) *O Essencial sobre Filosofia Política da Antiguidade Clássica*, Lisboa, Imprensa Nacional-Casa da Moeda, 2006; (54) *Pensamento*

OUTROS LIVROS DO AUTOR

Jurídico Luso-Brasileiro, Lisboa, Imprensa Nacional-Casa da Moeda, 2006; (55) *Raízes da República. Introdução Histórica ao Direito Constitucional*, Coimbra, Almedina, 2006 (esgotado); (56) *Direito Constitucional Geral*, Lisboa, Quid Juris, 2006 (esgotado; há nova edição); (57) *Filosofia do Direito*, Coimbra, Almedina, 2006 (esgotado; há 2ª edição); (56a) *Direito Constitucional Geral. Uma Perspectiva Luso-Brasileira*, São Paulo, Método, 2006 (Prémio Jabuti para o melhor livro de Direito); (58) *Constituição da República da Lísia*, Porto, Ordem dos Advogados, 2006; **2007** – (59) *A Constituição Viva. Cidadania e Direitos Humanos*, Porto Alegre, Editora do Advogado, 2007; (45a) *Repensar a Política. Ciência & Ideologia*, 2ª ed., revista e atualizada, Coimbra, Almedina, 2007; (60) *Direito Constitucional Aplicado*, Lisboa, Quid Juris, 2007; (61) *O Essencial sobre Filosofia Política Liberal e Social*, Lisboa, INCM, 2007; (62) *O Essencial sobre Filosofia Política Romântica*, Lisboa, INCM, 2007; (63) *Manual de Retórica & Direito*, Lisboa, Quid Juris, 2007, colaboração com Maria Luísa Malato; (64) *Constituição, Crise e Cidadania*, Porto Alegre, Livraria do Advogado Editora, 2007, com Prefácio de Paulo Bonavides; **2008** – (65) *Direito Constitucional e Fundamentos do Direito*, Rio de Janeiro/São Paulo/Recife, Renovar, 2008; (66) *Comunicação e Direito*, Porto Alegre, Livraria do Advogado Editora, 2008; (67) *Tratado da (In)Justiça*, Lisboa, Quid Juris, 2008; (68) *Direito Constitucional Anotado*, Lisboa, Quid Juris, 2008 (esgotado); (69) *Fundamentos da República e dos Direitos Fundamentais*, Belo Horizonte, Forum, 2008; (70) *O Essencial sobre Filosofia Política Contemporânea (1887-1939)*, Lisboa, Imprensa Nacional-Casa da Moeda, 2008; (71) *O Essencial sobre Filosofia Política do séc. XX (depois de 1940)*, Lisboa, Imprensa Nacional-Casa da Moeda, 2008; **2009** – (72) *Filosofia Jurídica Prática*, Lisboa, Quid Juris, 2009; (73) *Direito Constitucional & Filosofia do Direito*, Porto, Cadernos Interdisciplinares Luso-Brasileiros (coord.), 2009; (72a) *Filosofia Jurídica Prática*, Belo Horizonte, Forum, 2009; (74) *Da Declaração Universal dos Direitos do Homem*, Osasco, São Paulo, Edifieo, 2008 (2009); (75) *Geografia Constitucional. Sistemas Juspolíticos e Globalização*, Lisboa, Quid Juris, 2009; (76) *Direito & Literatura*, coord., Porto / São Paulo, 2009; (77) *Síntese de Filosofia do Direito*, Coimbra, Almedina, 2009; (67a) *Breve Tratado da (In)Justiça*, São Paulo, Quartier Latin, 2009; (31a) *Lições Preliminares de Filosofia do Direito*, 3ª ed., Coimbra, Almedina, 2009; (39a) *Iniciação à Metodologia Jurídica. Memória, Método e Direito*, Coimbra, Almedina, 2009 (esgotado); (78) *Pensar o Estado*, Lisboa, Quid Juris, 2009; **2010** – (79) *Presidencialismo e Parlamentarismo*, Belo Horizonte, Forum, 2010; (80) *Traité de Droit Constitutionnel. Constitution universelle et mondialisation des valeurs fondamentales*, Paris, Buenos Books International, 2010 (também com edição em ebook); (81) *Justiça & Direito. Viagens à Tribo dos Juristas*, Lisboa, Quid Juris, 2010; (82) *Para uma Ética Republicana. Virtude(s) e Valor(es) da República*, Lisboa, Coisas de Ler, 2010; (83) *Filosofia Política. Da Antiguidade ao Século XXI*, Lisboa, Imprensa Nacional-Casa da Moeda, 2010; **2011** – (84) *O Essencial sobre a I República e a Constituição de 1911*, Lisboa, Imprensa Nacional-Casa da Moeda, 2011; **2012** – (85) *Droit naturel et méthodologie juridique*, Paris, Buenos Books International, 2012; (86) *Avessos do Direito. Ensaios de Crítica da Razão Jurídica*, Curitiba, Juruá, 2012; (87) *Constituição & Política. Poder Constituinte, Constituição Material e Cultura Constitucional*, Lisboa, Quid Juris, 2012; **2013** – (88) *Rethinking Natural Law*, Berlin / Heidelberg, Springer, 2013; (57a) *Filosofia do Direito. Fundamentos*,

INICIAÇÃO À METODOLOGIA JURÍDICA

Metodologia e Teoria Geral do Direito, 2ª edição revista atualizada e desenvolvida, Coimbra, Almedina, 2013; (89) *Filosofia do Direito e do Estado*, Prefácio de Tercio Sampaio Ferraz Junior, Apresentação de Fernando Dias Menezes de Almeida, Belo Horizonte, Forum, 2013; (90) *Repensar o Direito. Um Manual de Filosofia Jurídica*, Prefácio de Mário Bigotte Chorão, Posfácio de José Adelino Maltez, Lisboa, Imprensa Nacional-Casa da Moeda, 2013; (56b) *Direito Constitucional Geral*, Nova Edição (2ª): Aumentada, Revista e Atualizada, Lisboa, Quid Juris, 2013; (57b) *Filosofia do Direito. Fundamentos das Instituições Jurídicas*, Rio de Janeiro, G/Z, 2013; (91) *Nova Teoria do Estado. Estado, República, Constituição*, São Paulo, Malheiros, 2013, Prefácio de Paulo Bonavides; **2014** – (92) *O Contrato Constitucional*, Lisboa, Quid Juris, 2014; (93) *La Constitution naturelle*, Paris, Buenos Books International, 2014; (94) *Direitos Fundamentais. Fundamentos e Direitos Sociais*, Lisboa, Quid Juris, 2014; (95) *Desvendar o Direito. Iniciação ao Saber Jurídico*, Lisboa, Quid Juris, 2014; (96) *Republic – Law & Culture*, Saarbrücken, Lambert Academic Publishing, 2014.

Ficção e Poesia

(1) *Tratado das Coisas não Fungíveis*, Porto, Campo das Letras, 2000;

(2) *E Foram Muito Felizes*, Porto, Caixotim, 2002;

(3) *Escadas do Liceu*, São Paulo, Mandruvá, 2004;

(4) *Livro de Horas Vagas*, São Paulo, Mandruvá, 2005;

(5) *Linhas Imaginárias*, Dover, Buenos Books America, 2013;

(6) *Caderno Permitido*, Lisboa, A Causa das Regras, 2014.

Para

Eduardo C. B. Bittar
Pietro Costa
José Calvo González
Bjarn Melkevik
Nelson Saldanha

*"Nos procez ne naissent que
du debat de l'interpretation des loix"*

MONTAIGNE, *Essais*, II, XII

INTRODUÇÃO DA 1ª EDIÇÃO

Este livro nasce da nossa investigação, do nosso ensino e das nossas decorrentes angústias sobre o lugar e o papel da Metodologia Jurídica nos nossos estudos universitários e na vida jurídica quotidiana.

A necessidade que estudantes e práticos do Direito têm de Metodologia deveria ser evidente: a metodologia é a ferramenta comum de todos os ramos do Direito. É um instrumentarium *que faz o trânsito da Ciência do Direito para a realidade do Direito, à luz – espera-se – do espírito da Justiça.*

Nunca nos conformámos com a concepção (apesar de tudo muito difundida) de que a Metodologia do Direito fosse ou devesse ser uma disciplina "de luxo" (e por isso sempre com morte anunciada para a próxima reforma curricular), porque teórica, abstracta, confundível com certa forma da História do Pensamento Jurídico, ou limitada à História da Metodologia. Acresce que modestamente sempre nos pareceu que, depois de adquiridos os rudimentos filosóficos de base do Direito, logo no primeiro ano (obviamente – como se vai fazer Direito sem pensar previamente, ainda que de forma elementar, ao menos, o que o Direito seja e para que possa servir?), o que de mais útil pode ter uma Introdução ao Direito não é senão a Metodologia.

E pensamos, aliás, que ou a Introdução ao Direito se assume como filosófica e metodológica, ou será uma simples enciclopédia jurídica, uma lista telefónica de conceitos sem sentido ainda. Antecipação prematura de matérias que a seu tempo chegarão, com outra solidez, na sazão própria.

Neste entendimento de Filosofia e Metodologia como disciplinas jurídicas também e antes de mais propedêuticas, é perfeitamente racional que, como já vão fazendo algumas Escolas, mesmo entre nós, a Metodologia se autonomize, como disciplina, deixando à clássica Introdução (ao estudo) do Direito a parte mais Filosófica... Noutros casos, é a Introdução que se associa explicitamente à Metodologia, o que, não sendo o ideal, é todavia preferível ao entendimento dessa disciplina como mero catálogo inicial ou bases de apenas um sector do ordenamento jurídico, e somente uma forma das plurais formas mentais dos juristas. Tudo são passos, até ao momento em que haja coragem de chamar à Introdução ao Direito: "Introdução à Filosofia do Direito" e de, a par dela, criar uma verdadeira "Introdução à Metodologia Jurídica"... Sem que obviamente, no final dos estudos graduados, se deixe de voltar a reflectir filosoficamente numa verdadeira e própria Filosofia do Direito. E eventualmente (havendo lugar) haja também uma Metodologia mais elaborada, aproveitando já da prática das várias áreas do Direito entretanto estudadas.

O que se não compreende é que se comece a construir a casa pelo telhado (lembrando palavras, para o Direito Romano, do saudoso Doutor Sebastião Cruz), não ensinando Metodologia logo no início dos estudos jurídicos.

Mas que Metodologia? Não a metodologia metodologista ("ciência de substituição" bem lhe poderíamos chamar, para usarmos uma sugestiva terminologia de Jean-Marc Trigeaud) que em círculo vicioso discute os problemas epistémicos ou formais do seu objecto, método, escopo, etc. Antes pelo contrário, trata-se de uma Metodologia prática.

Dito isto, paradoxalmente, temos de advertir que este livro não é essa Metodologia Prática. Não é sequer, em boa verdade, um livro totalmente e em absoluto de Metodologia. Mas, realmente, uma iniciação *(com tudo o que de "esotérico" tal comporta sempre), de índole filosófica (e um pouco histórica e cultural geral) a uma Metodologia* proprio sensu, *essa Metodologia que tem de ser prática.*

"Bem prega Frei Tomás...", dir-nos-ão – mas julgamos que só muito parcialmente se nos aplica o adágio. A verdade é que pretendemos exprimir a nossa convicção de que essa Metodologia que faz falta a estudantes e que é a vida dos causídicos e dos magistrados, dos diversos directos actores jurídicos, essa Metodologia do jurista normal, não do Legislador, por exemplo (abstraindo portanto a parte nomológica, legística, desde logo) se reconduz sobretudo a duas disciplinas básicas – elas também esquecidíssimas nos curricula... *e até na vida prática, quantas vezes, reduzidas hoje à sua expressão mais simples: a Hermenêutica e a Retórica Jurídicas.*

Este estudo pretende assim sobretudo ser uma pequena fundamentação destas disciplinas como vitais à prática jurídica – que não pode existir sem interpretação/ criação do Direito e sem a sua expressão no sentido da arquitectura do discurso e da sua representação: escrita ou oral.

*E visa ainda constituir um convite ao estudo ulterior destas matérias. É, assim, uma **Iniciação Filosófica à Metodologia Jurídica enquanto Hermenêutica*** *e* **Retórica**, *avançando algumas matérias elementares de forma exemplificativa, e recorrendo a algumas ilustrações do vastíssimo tema, que espera por novo fôlego.*

Se não podem a prática e o estudo do Direito prescindir da Metodologia, e da Metodologia prática e como estudo preliminar, concordar-se-á que antes do método, que é "caminho para"... se tem de saber de onde se parte e para onde se vai. E esse alpha *e* omega *são matérias da Filosofia do Direito.*

Este livro é, de algum modo, também uma possível ponte entre uma e outra das disciplinas.

NOTA À 2ª EDIÇÃO

Embora este livro tenha acabado por ficar excessivo tempo por reeditar, para mais ser maturado, dá-se agora de novo à estampa relido, repensado, corrigido, acrescentado: mas ainda não é um livro novo, como inicialmente tivemos a vã ilusão de conseguir fazer. A matéria metodológica é menos permeável à mudança, quando entendida de forma menos histórico-subjectivista, e mais objectiva-teórico-prática, como é o nosso caso. Daí que haja escassas mudanças "de orientação" neste volume. Há é bastantes esclarecimentos novos.

Contudo, da reponderação geral desta matéria resultou para nós que o livro diria mais de si mesmo, a si próprio seria mais fiel, se, nesta edição, trocasse o título com o subtítulo. A nossa concepção de metodologia jurídica é, como temos afirmado, sobretudo hermenêutica e retórica. Donde este livro seja a ela uma *iniciação*.

E não havia assim razão para dar a este estudo um título sobretudo "ensaístico", quando muito do que aqui se diz é, realmente, propedêutica *tout court*.

Pareceu contudo curial manter o subtítulo e a indicação de que se trata de uma 2ª edição e não obra com "salto qualitativo" novo.

NOTA À 3ª EDIÇÃO

> *"Mon livre est toujours un: sauf qu'à mesure, qu'on se met à le renouveler, afin que l'acheteur ne s'en aille les mains du tout vides, je me donne loi d'y attacher (comme ce n'est qu'une marqueterie mal jointe) quelque emblème supernuméraire. Ce ne sont que surpoids, qui ne condamnent point la première forme, mais donnent quelque prix particulier à chacune des suivantes, par une petite subtilité ambitieuse".*

Montaigne, *Essais*, III, 9.

A Metodologia Jurídica e a Filosofia do Direito têm venturas e desventuras comuns. São menosprezadas, desdenhadas, ironizadas, sempre que possível truncadas, liofilizadas e até banidas dos programas para dar lugar às microtécnicas e microtecnocracias de especialidade, estas e aquelas, que sempre se reproduzirão sem fim. Outras vezes, são confundidas com história das respetivas disciplinas, ou com monográficos temas, ou esotéricas perspetivas.

Mas por vezes, há surpresas. Seja por desenfado, ou por gosto do alvitre, ou por capricho, ou (as mais das vezes, estamos em crer) por muito respeitável chamamento ou vocação em estrada de Damasco e mais ainda pelo despertar para as coisas importantes que a experiência e a maturidade trazem a alguns, há sempre quem goste de sobre elas opinar. Como que evidenciando a universalidade dos temas, e dando afinal um dos argumentos para considerar a sua importância. Mesmo a opinião profana significa que há um interesse pelo assunto.

Quase lembra aquela proverbial expressão que aproxima ciência e religião: dir-se-ia que pouco conhecimento jurídico prático afasta da Filosofia e da Metodologia; muito conhecimento aproxima delas. Pouco discernimento afasta, muito discernimento aproxima. Etc..

Contudo, como temos dito, inspirado, *mutatis mutandis,* numa observação do nosso Mestre José Joaquim Gomes Canotilho, se é certo que a grande casa do Direito pensado a todos acolhe, o certo é que não se improvisam constitucionalistas, nem filósofos ou metodologistas do Direito. Não se improvisam juristas, aliás.

As vocações maduras, que temos conhecido em vários países, e até (como deve ser) demandando legitimação procurando cursos, graus e teses, etc., necessitam de recuperar o tempo perdido, e começar não pela intuição, pelo sentimento, ou pela opinião (ainda que dogmática) mas pelo estudo do básico, que muitas vezes não foi fornecido pelos cursos normais. Para tudo é preciso estudar, e estudar numa direção certa, sendo o autodidatismo muito perigoso em matérias de particular dificuldade, subtileza e até ardil legitimador e alienante, como o Direito.

Precisamente por haver um enorme *déficit* de ensino destas matérias (mais ainda truncadas ou mesmo banidas com o álibi do Processo de Bolonha, que nada impunha do muito que se aproveitou para fazer, e contraditoriamente) é que é necessário ir ao encontro das vocações que se vão revelando, do gosto e do interesse por estas matérias que vai surgindo em juristas práticos e mesmo em oficiais de outros ofícios, e fornecer-lhes elementos legíveis de estudo, sem vulgarização. Foi esse o nosso intento com a edição deste volume, que alcança agora a sua terceira saída a lume.

Por um lado, tratava-se de proporcionar um livro simples, claro e pequeno, para uso de estudantes do 1º ano, logo nas Introduções ao Direito, mas ao mesmo tempo utilizável nas aulas de Metodologia, ou de Filosofia e Metodologia do Direito, de anos mais avançados do curso. Mas também se queria propiciar uma leitura que pudesse aproveitar a tantos juristas práticos que queiram rever as suas ideias a este respeito, ou iniciar-se nestes temas numa perspetiva académica.

Aqui continua o livro na senda do que foi, muito torturadamente revisto, com algumas notas novas, e mais ainda acrescentos no texto, que atualizam e desenvolvem o anterior. Procurou-se ainda uma manual (e sempre falível) adaptação ao novo Acordo Ortográfico. E pensa-se a

NOTA À 3ª EDIÇÃO

questão metodológica nos tempos de renovação de paradigma jurídico geral, com a introdução de quatro novos capítulos finais.

E por último, o título: esta terceira edição finalmente se desembaraça de subtítulos, e vem a ser o que cada vez mais está a ser: um pequeno livro de Iniciação à Metodologia Jurídica. Nada mais e nada menos.

Cartago, junho – São Paulo, setembro de 2014

ÍNDICE GERAL

INTRODUÇÃO DA 1ª EDIÇÃO	13
NOTA À 2ª EDIÇÃO	17
NOTA À 3ª EDIÇÃO	19
ÍNDICE GERAL	23

PARTE I – MEMÓRIA E DIREITO	25
CAPÍTULO I – Mitologias, Géneses, Destinos	27
CAPÍTULO II – Diálogos. Escritos e Não Escritos	31
CAPÍTULO III – Memória e Lei	35
CAPÍTULO IV – Memória e Método Jurídico	41
CAPÍTULO V – A Luta pela Memória. Dos *Mnemones* aos Juristas	45

PARTE II – RETÓRICA E HERMENÊUTICA	
NAS ORIGENS DO DIREITO	49
CAPÍTULO I – História Grega	51
CAPÍTULO II – Metodologia Romana	59

PARTE III – DA HERMENÊUTICA JURÍDICA:	
FUNDAMENTOS, DESAFIOS E FASCÍNIOS	69
CAPÍTULO I – Introdução Epistemológica	71
CAPÍTULO II – Fascínios Hermenêuticos	75
CAPÍTULO III – Desafios Hermenêuticos	79
CAPÍTULO IV – Fundamentos Jurídico-Hermenêuticos	83
CAPÍTULO V – Novos Fascínios, Novos Desafios: Reforma	
Legislativa ou Reforma de Mentalidades?	93

INICIAÇÃO À METODOLOGIA JURÍDICA

PARTE IV – HERMENÊUTICA, *INVENTIO* E *DISPOSITIO*　99
CAPÍTULO I – Conexões　101
CAPÍTULO II – Ramos do Direito ou Ciências Jurídicas Materiais　105
CAPÍTULO III – Fontes de Direito　111

PARTE V – INTERPRETAÇÃO JURÍDICA E MÚSICA: UM EXEMPLO INTERDISCIPLINAR　121
CAPÍTULO I – O Ar de Família das Artes e das Ciências　123
CAPÍTULO II – Juristas e Músicos como Intérpretes　125
CAPÍTULO III – Improviso ou Servilismo Interpretativo?　129

PARTE VI – POR UMA RETÓRICA JURÍDICA　131
CAPÍTULO I – Sentidos da Retórica Jurídica　133
CAPÍTULO II – Retóricas, Tópica e Dialética Jurídicas　139
CAPÍTULO III – Da Dialética　143
CAPÍTULO IV – Da Tópica　149
CAPÍTULO V – Porquê Retórica Jurídica?　161

PARTE VII – DO PROBLEMA METODOLÓGICO-JURÍDICO NO TEMPO PRESENTE　165
CAPÍTULO I – Encruzilhada Doutrinal　167
CAPÍTULO II – Metodologia Jurídica: Caminho para onde?　175
CAPÍTULO III – Juristas: Antes de Técnicos, Verdadeiros Filósofos　179
CAPÍTULO IV – Novos Desafios　181

BIBLIOGRAFIA CITADA　185
PORTAIS E LIGAÇÕES　199
PALIMPSESTOS　201
ÍNDICE ANALÍTICO　203

PARTE I

MEMÓRIA E DIREITO

Tempos e Lugares para uma Metodologia Jurídica

> «*Le paradoxe humain c'est que tout est dit et que rien n'est compris. Tout est dit sur la guerre; tout sur les passions. L'Humanité réelle se compose de ces belles formes pleines de sens, que le culte a conservées*»
>
> ALAIN, «Mnémosyne»[1]

> «*Es absurdo que permanezca el espacio y el tiempo se borre para los vivos, o en realidad es que el espacio es depositario del tiempo, sólo que es silencioso y no cuenta nada*»
>
> JAVIER MARÍAS, *Cuando fui mortal*[2]

SUMÁRIO: I. *Mitologias, Géneses, Destinos.* II. *Diálogos. Escritos e Não Escritos.* III. *Memória e Lei.* IV. *Memória e Método Jurídico.* V. *A Luta pela Memória. Dos* Mnemones *aos Juristas.*

---

[1] ALAIN, "Mnémosyne", in *Propos sur l'Esthétique*, 6ª ed., Paris, PUF, 1991, p. 24.
[2] JAVIER MARÍAS, *Cuando fui Mortal*, Madrid, Alfaguera, 1996, p. 85.

Capítulo I
Mitologias, Géneses, Destinos

Não se deve começar a falar sobre Metodologia falando apenas de Metodologia. Antes da Metodologia, e determinando qual seja, está a Filosofia. Mas começaremos ainda mais acima, mais longe: na Mitologia.

Outrora, antes mesmo que os deuses olímpicos se sobrepusessem às divindades telúricas, a memória (Mnémosine) era uma deusa, e uma deusa da mais alta linhagem. Naquele tempo, o Direito (ou a Justiça: Thémis) tinha também uma ascendência divina.

Mesmo depois de uma certa sombra ou penumbra imposta às divindades titânicas por Zeus/Júpiter, ambas as categorias (ou entidades semelhantes) conservaram os seus pergaminhos: – o direito, *thémistes*, consistia no que fora ordenado por *Thémis*, sob a inspiração de Zeus; e no mundo romano, que traduziu a mitologia grega, a filiação ainda se encontra de forma mais clara: *Jus est quod Jovis jubet* – o direito (e já não a Justiça) era aí o que próprio Júpiter (Jovis/Iovis) impunha[3]; e a Memória até desposou o novo pai dos deuses: desse casamento nasceram as nove musas – sem memória não há artes nem ciências.

A secularização e a descrença cada vez mais crescentes, o desencanto do mundo[4], contribuíram paralelamente para a decadência tanto da

---

[3] Sebastião Cruz, *Ius. Derectum (Directum)..., Relectio*, Coimbra, edição do autor, 1971, pp. 31 e 38.

[4] Marcel Gauchet, *Le desenchantement du monde*, Paris, Gallimard, 1985; Nicolas Grimaldi, *Court traité du désenchantement*, Paris, PUF, 1999. Sobre outros desencantos (ou sobre o mesmo, sob outras perspectivas), *v.g*, Catherine Colliot Thelene, *Le*

INICIAÇÃO À METODOLOGIA JURÍDICA

memória como do direito. A primeira atravessaria então uma fase de misterio com muito pouco do clássico mítico, tornando-se nos nossos dias uma espécie de puro e simples ácido retentor dos dados (nos seres vivos) ou (nas máquinas pensantes, os computadores) uma teia de *ships* mais ou menos sofisticados. Se o fósforo químico era a esperança dos adolescentes distraídos e indolentes, hoje um punhado de euros já compra armazéns de memória gigantescos cabendo nomeadamente em minúsculas *pen-drives*.

A memória mudou, as nossas metáforas sobre a memória tornam-se cada vez mais informáticas ou médicas, mas mesmo o discurso médico tende – pelo menos assim parece – a ser impregnado da lógica do *software*.

Longe vai o tempo da *memoria* como parte essencial da Retórica, matéria essencial do nosso fundo cultural ocidental, infelizmente hoje demasiadamente confundida com a tópica ou a oratória[5]. Senão mesmo com as piores fórmulas do *marketing*... Melhor dizendo, da propaganda.

No que diz respeito ao direito, no entanto, da vontade (invocada) dos deuses passou para a vontade dos reis (ou dos sábios que muitas vezes ou por vezes os cercavam) e finalmente tornou-se um simples instrumento de poder (aparelho ideológico[6], discurso de legitimação[7], e fundamento e mandamento da força[8], mesmo, *in extremis*, da militar)

---

desenchantement de l'Etat, Paris, Minuit, 1992; FRANÇOIS HOURMANT, *Le désenchantement des clercs*, Paris, PUF, 1997. Tudo parece teoricamente ter um clássico fundante, o Max Weber da *Ética Protestante e o Espírito do Capitalismo*. Mais recentemente, cf. BRADS GREGORY, *The Unintended Reformation: How a Religious Revolution Secularized Society*, Belknap Press of Harvard Univer. Press, Cambridge (Mass), e Londres, 2012, e ANTÓNIO CARLOS PEREIRA MENAUT, *La Ética Protestante y el Espírito de Brad Gregory*, in "Dereito", 22 (2013), pp. 475-497.

[5] Cf., *v.g.*, ALFONSO ORTEGA, *Retorica. El Arte de Hablar en Publico. Historia-Metodo y Tecnicas Oratorias*, Madrid, Ideas Culturales, Instituto Europeo de Retorica, 1989.

[6] LOUIS ALTHUSSER, *Idéologie et appareils idéologiques d'Etat*, Paris, La Pensée, 1971.

[7] JOÃO BAPTISTA MACHADO, *Introdução ao Direito e ao discurso legitimador*, reimp., Coimbra, Almedina, 1985.

[8] Entre outros, cf., *v.g.* http://perso.club-internet.fr/sergecar/cours/droit1.htm#force"»; http://mapage.noos.fr/philosophie/philo/menucor/dissert/le...droit...et...la...force. html"»; PIERRE LEMIEUX, *La force et le droit*, http://www.quebecoislibre.org/990925-4. htm.

de quem quer que o detenha: normalmente, dos ditadores medíocres, ou dos democratas pouco brilhantes, lisonjeadores da opinião (pública ou publicada), isto é, escravos das massas e sobretudo dos fabricantes de votos das massas, a comunicação, ou dos mecenas das campanhas eleitorais[9]...

Este paralelismo, confluindo para uma mesma decadência, tem todavia momentos de intersecção; e deve haver realidades profundas entre estes dois titãs, geminados na sua sorte e na sua génese. É uma rápida reflexão sobre essa ligação que tentaremos fazer aqui.

---

[9] Sobre a perversão democrática um dos conceitos é a "democrature": http://www.antidemocrature.org/"»; http://www.antidemocrature.org/article.php3?id ...article=73. Outro é o de "democracia morbosa". O texto de ORTEGA Y GASSETT, en *El Espectador* é significativo: "Las cosas buenas que por el mundo acontecen obtienen en España sólo un pálido reflejo. En cambio, las malas repercuten con increíble eficacia y adquieren entre nosotros mayor intensidad que en parte alguna. En los últimos tiempos ha padecido Europa un grave descenso de la cortesía, y coetáneamente hemos llegado en España al imperio indiviso de la descortesía. Nuestra raza valetudinaria se siente halagada cuando alguien la invita a adoptar una postura plebeya, de la misma suerte que el cuerpo enfermo agradece que se le permita tenderse a su sabor. El plebeyismo, triunfante en todo el mundo, tiraniza en España. Y como toda tiranía es insuficiente, conviene que vayamos preparando la revolución contra el plebeyismo, el más insufrible de los tiranos. Tenemos que agradecer el adviento de tan enojosa monarquía al triunfo de la democracia. Al amparo de esta noble idea se ha deslizado en la conciencia pública la perversa afirmación de todo lo bajo y ruin." – http://www.iespana.es/studiumweb/web7/ejemplo2.htm. (= ORTEGA Y GASSETT, *Democracia morbosa*, 1917, *Obras completas*, Alianza, Madrid 1987, vol. II, 135-139). Outra perspectiva é a da "democracia técnica *vs.* Democracia ética ou de valores". Temos insistido neste aspecto, em textos hoje reunidos in *Miragens do Direito. O Direito, as Instituições e o Politicamente correto*, Campinas, Millenium, 2003. Cf. ainda ALBERTO MONTORO BALLESTEROS, *Razones y limites de al legitimación democrática del Derecho*, Murcia, Universidad de Murcia, 1979, e MÁRIO BIGOTTE CHORÃO, na introdução a *Temas Fundamentais de Direito*, Coimbra, Almedina, 1986, entre nós. Mas apraz-nos salientar que o conceito já chegou, por esta ou outra via, não importa, ao discurso político prático.

Capítulo II
Diálogos. Escritos e Não Escritos

É preciso primeiro fazer uma distinção: uma coisa é o direito, o direito *proprio et stricto sensu*, e outra coisa totalmente diferente são as normatividades. Todas as sociedades (comunidades, repúblicas, formações sociais, etc., segundo os casos e as preferências conceituais e até ideológicas), nas suas variantes no espaço e no tempo, têm normas para regular as suas existências coletivas. Estas normatividades, nas situações em que o direito não se afirma de forma autónoma (quando não ocorreu o *ius redigere in artem*, quando não se operou o corte epistemológico propiciador do nascimento do direito como entidade *a se*), têm tendência a misturar-se, num sincretismo epistemologicamente confuso, no qual, logicamente, alguns aspetos jurídicos não se encontrarão contudo ausentes. Porque é preciso sempre decidir, de forma ou outra, por uma narrativa mítica ou por outra (mesmo se às vezes o mito se metamorfoseia ou se mascara em razão) as questões que, nas sociedades de direito autónomo (onde há o famoso *Isolierung* referido pela literatura jurídica alemã[10]), são resolvidas pelas instâncias jurídicas autênticas.

Para haver direito, é preciso, no entanto, que, como aflorámos já, se tenha empreendido um *ius redigere in artem*. Os romanos, inspirados pela filosofia grega, nomeadamente a aristotélica, alcançaram esta relevan-

---

[10] Cf., por todos, Yan Thomas, *Mommsen et l'"Isolierung' du Droit (Rome, Allemagne et l'État)*, Paris, diff. Boccard, 1984.

INICIAÇÃO À METODOLOGIA JURÍDICA

tíssima invenção cultural e exportaram-na[11], direta ou indiretamente, para o mundo inteiro[12].

Esta distinção importa-nos muito. Uma normatividade sincrética estabelece com a memória relações complexas. Está-lhe mais ou menos ligada, conforme as circunstâncias.

Vejamos como.

Encontra-se por vezes menos ligada, porque o sincretismo normativo é normalmente menos legalista, menos cioso das verdades escritas. E assim a memória «da norma» (*latisssimo sensu*: de toda a normatividade, de toda a regra, de todo o padrão) vive sobretudo do decorar. É menos memória, mais flexível, mais evanescente.

Mas, precisamente por causa disso, o direito vive da memória, mais da evocação e da lembrança, porque deve apoiar-se muito mais numa ressonância não legal e não escrita.

Em todo o caso, seríamos mesmo tentado a dizer que este é apenas um falso problema – que a memória, seja ela memória escrita (ou de certa forma materialmente fixada), seja ela decorada, é sempre a grande auxiliar do direito. Para haver direito é preciso guardar memória, e é preciso lembrar-se.

Num certo sentido, o carácter ancilar poderia mesmo voltar ao direito: desde que o direito sirva para guardar memória, e, em várias situações, para ter bem presente...

Se nas sociedades sem escrita o direito recorre diretamente à memória – tem de fazê-lo –, nas sociedades *gráfologas* o mesmo acaba por suceder, exceto que o depósito da memória tem auxiliares de memória, os textos, e sobretudo textos que fazem especialmente fé, cuja memória é por assim dizer privilegiada: textos jurídicos e, entre eles, sobretudo os documentos, e talvez em particular os documentos ditos autênticos, os atestados, os certificados, as escrituras, os registos – os papéis registais e notariais.

---

[11] Stamatios Tzitzis, *La naissance du droit en Grèce*, na obra colectiva *Instituições de Direito*, I. *Filosofia e Metodologia*, Coimbra, Almedina, 1998, p. 191 e seguintes; e a nossa «A Fundação epistemológica do direito em Roma. *Ius redigere in artem*" in *ibidem*, p. 201 ss..

[12] Sobre a exportação indireta, através dos Descobrimentos e da colonização, *v.g.*, Agostinho da Silva, *Ir à Índia sem abandonar Portugal*, Lisboa, Assírio & Alvim, 1994, p. 32 ss..

Nota-se também que as sociedade *agráficas* são sobretudo aquelas em que estão em vigor as normas sincréticas, enquanto, nas sociedades *grafólogas*, o direito tende a desligar-se da moral, da religião, dos costumes, da etiqueta social, etc. Todavia, há exceções: o dito «direito muçulmano» – aquele que Georges Bousquet afirmava não existir – é um direito em grande medida escrito, e baseia-se em última e primeira instância no Alcorão; mas, apesar disso, permanece sincrético, numa mistura de várias ordens sociais normativas, guiadas pelo elemento preponderante: o religioso.

Capítulo III
Memória e Lei

O direito positivista legalista que nos governa ainda (mesmo se a doutrina e alguns ativismos judiciais nos anunciam todas as pós--modernidades[13] e pluralismos[14]) precisa da memória, e contribui em larga medida para a nossa memória colectiva. Aliás, as relações entre direito e história (vizinha conceptual da memória e classicamente uma musa sua filha, Clio) já foram realçadas por vários autores[15]; alguns exageraram até à confusão dos conceitos. Disse-se mesmo que o

---

[13] O nosso ambiente cultural e jurídico parece hoje longe das promessas de ultrapassagem da modernidade jurídica de um Jesus Ballesteros, *Postmodernidad. Decadência o resistência*, Madrid, Tecnos, 1989; Idem, "Razones a favor de una postmodernidad alternativa", in *Doxa*, nº 6, 1989, p. 301 ss.. Sobre a pós/post-modernidade, com referência a Portugal, cf. especialmente Fernando dos Santos Neves, *Introdução ao Pensamento Contemporâneo. Razões e Finalidades*, Lisboa, Edições Universitárias Lusófonas, 1997. E ainda Eduardo C. B. Bittar, *O Direito na Pós-Modernidade*, Rio de Janeiro, Forense, 2005; Paulo Ferreira da Cunha, *Subsídios para um Ensaio sobre o Direito Contemporâneo*, Separata de "Quaderni Fiorentini per la Storia del Pensiero Giuridico Moderno", Milão, Giuffré, 2008; Idem, *Geografia Constitucional*, Lisboa, Quid Juris, 2009, *in fine*, máx. p. 301 ss..

[14] V., *v.g.*, Marie-Benedicte Dembour, *Le pluralisme juridique: une démarche parmi d'autres, et non plus innocente*, in «Revue Interdisciplinaire D'Etudes Juridiques», nº 24, 1990, p. 43 ss.. Numa clave mais histórica, Goethem, H. Van/Waelkens, L./Breugelmans, K. (dir.), *Libertés, Pluralisme et Droit*, Bruxelles, Bruyllant, 1995.

[15] Cf. algumas reflexões pertinentes *in* Paulo Ferreira da Cunha/Joana Aguiar e Silva/António Lemos Soares, *História do Direito. Do Direito Romano à Constituição Europeia*, Coimbra, Almedina, 2005, p. 47 ss..

direito era (sempre, ou essencialmente) histórico: *Recht ist geschichtliches Recht*[16]. Ou mesmo o direito seria a própria história[17]...

A relação existe sem dúvida. Mas seria necessário relativizar um pouco os exageros identificadores. Principalmente nos nossos dias, tempo do esquecimento do direito histórico, tempo de ataque terrível às cadeiras culturais, humanísticas, filosóficas e históricas nas Faculdades de Direito, normalmente em nome de uniformizações tecnocráticas dos *curricula* ... E, para alguns já, decorrendo de uma formação liofilizada e facilitista nessas áreas. Não se confunde o *ser* com o *dever-ser*. Mas precisamente se falamos de conexões entre direito e história é preciso ver as verdadeiras, as reais relações entre ambos. Não só as excelentes relações do passado, como também o crescente divórcio presente... Apesar dos trabalhos e dos nomes excecionais que continuam no seu posto, a fazer o seu dever.

Não podemos nunca esquecer-nos de que grande parte dos problemas e dos métodos de averiguação da verdade na historiografia acabaram por derivar do que nos tribunais se fazia já[18].

Dito isto, retomemos então o tempo presente do direito.

A febre de tudo resolver equivale a uma loucura de tornar tudo petrificado, submetido a uma racionalidade unificadora, a uma só vontade: isso significa também o monopólio da memória e da ordem[19]. Queremos impor uma memória das únicas formas de ação autorizadas, prescritas. O esquecimento cobre – numa primeira perspetiva – os atos marginais, desviantes. Veremos que se trata apenas de um certo esquecimento e de certos atos. Porque aqueles que são afastados significam mais realidades alternativas que realidades proscritas. Estas continuarão a ser retidas como memória da ordem, na negativa: a anti-ordem, o caos... É neces-

---

[16] WALTER SCHÖNFELD, *Vom Problem der Rechtsgeschichte*, "Schriften der Koenigsberger Gelehrten Gesellschaft. Geisteswissenschaftliche Klasse", 6, 1927, p. 309.

[17] CARL J. FRIEDRICH, *Die Philosophie des Rechts in Historischer Perspektive*, Goetingen/ Heidelberg, Springer, 1955, trad., cast., *La Filosofia del Derecho*, 3ª reimp., Mexico, Fondo de Cultura Económica, 1964, p. 331 ss. (= *Idem*, in *Vanderbilt Law Review*, XIV, oct. 1961, p. 1027 ss.).

[18] PATRICK NERHOT, *Au commencement était le droit*, in *Passés recomposés. Champs et Chantiers de l'Histoire*, dir. por Jean Boutier e Dominique Julia, Paris, «Autrement», série Mutations, nº 150 /151, 1996, p. 82 ss..

[19] Cf. FERNANDO PESSOA, *O Preconceito da Ordem*, Lisboa, Guimarães, 2009.

MEMÓRIA E LEI

sário ter presente o caos para melhor estimar a ordem. Pode de algum modo pensar-se que, apesar da sua dimensão inegável de litigiosidade, o direito não convive bem com a sua negação, e sobretudo com o crime[20]. Daí, talvez, os exageros penais, da estigmatização e da pena-morte, à abolição ou diluição do direito penal[21]...

Entretanto, no horizonte da *boa memória*, da memória do bem, a lei reina. A letra da lei, do regulamento, descreve perfeitamente a ação que deve perdurar na nossa memória, e mais: ser sempre actualizada pela repetição, a reprodução de atos quotidianos que asseguram a memória sem memória: imemorabilidade do costume antigo...o *corpus* dos usos do direito consuetudinário.

Os textos das sentenças e outras peças judiciais são os principais lugares onde se encontra, em toda a sua dimensão, a outra memória, a da margem errónea da vida, a memória da sombra, a que queremos estigmatizar (ou, talvez até sobretudo, esquecer...).

Veremos contudo que mesmo a lei não está imune a este aspeto da realidade...

O Digesto afirmava que a lei não é o próprio direito, mas que apenas representa a sua estilização verbal («*Jus non a regula summatur sed a jure, quod est, regula fiat*» ou, mais geralmente: «*Non est regula ius summatur, sed ex iure quod est regula fiat*»[22]): Trata-se assim do seu auxiliar de memória, *memorandum*, *pro-memoria*, ou "processo-verbal"... Como dizia Michel Villey, «As leis apenas são direito em sentido impróprio»[23]. A lei é feita para não se esquecer. Para fixar o bem na memória... Para que as acções justas não sejam varridas pelo vento dos presentes *olvidadiços*: para que os anões respeitem os gigantes, para retomarmos o símile de São Bernardo de Claraval...

---

[20] V., nesse sentido, o original pensamento de ORLANDO VITORINO, *Le Raisonnement de l'injustice*, in "Archiv für Rechts- und Sozialphilosphie", Wiesbaden, vol. LIX / 4, 1973, p. 505 ss..

[21] Cf. o nosso *Droit Pénal, Droit de Mort*, in «Constats et Prospectives – Revue Internationale de Criminologie et de Philosophie du Droit Pénal», nº 3-4, Paris, 1992-1993, nova versão port. in *Arqueologias Jurídicas*, Porto, Lello, 1996.

[22] D. 50, 17, 1.

[23] MICHEL VILLEY, *Philosophie du Droit*, II, 2ª ed., Paris, Dalloz, 1984, [Précis], p. 191, parágrafo 232.

INICIAÇÃO À METODOLOGIA JURÍDICA

Cícero forneceu-nos uma ilustração notável, queixando-se da memória curta dos jovens estudantes do seu tempo – *o tempora, o mores!* – relativamente aos da sua juventude, que saberiam a lei das doze tábuas de cor... A preocupação do conhecimento das leis é de todos os tempos. Hoje existe uma generalizada presunção legal de que toda a gente conheça todas as leis: *ignorantia legis non excusat*. Mesmo se já Goethe[24], cheio de razão, houvera gracejado com tamanha difusão do conhecimento jurídico. Como resta tempo a alguém para cumprir ou violar as leis se tem de a todas conhecer? Só o seu estudo consumiria todo o tempo. Michel Bastit, nosso contemporâneo, considerou tal presunção legal manifestamente excessiva[25].

Todas estas referências, por retóricas que pareçam, dão que pensar. Os dogmas não questionados dão sempre que pensar a partir do momento em que se quebre a barreira inicial do preconceito, do temor reverencial...

Apenas a inflação legislativa torna o imperativo do conhecimento do direito uma utopia. Pois nos tempos antigos utilizava-se a memória para captar o direito, para o preservar melhor até: entre os celtas, os druidas sabiam as leis de cor, e certos povos arcaicos do actual Algarve supostamente tiveram leis em verso. Guerra Junqueiro também propôs, no início do século XX, a redacção em verso da constituição republicana de 1911.

Em suma, a lei é feita para fixar a memória, para a conservar, para guardar a memória dos bons costumes, das boas ações.

S. Isidoro de Sevilha sugeriu esta função como génese de toda lei escrita: a de evitar que os magistrados esqueçam e assim se tornem subjetivistas. É conhecida esta passagem das *Etymologies*: «deinde cum populus seditiosos magistratus ferre non posset, Decemviros legibus scribendis creavit»[26].

---

[24] Talvez encontremos esta passagem em GOETHE, *Conversations avec Eckermann (1836-1848)*, trad. fr. par J. Chuzeville, nova ed. revista e apresentada por Cl. Roels, Paris, Gallimard, 1988. Dificuldades logísticas impediram-nos de o confirmar. Goethe teria dito qualquer coisa como: «se devêssemos conhecer todas as leis, não mais haveria tempo para as violar».

[25] MICHEL BASTIT, *Naissance de la Loi Moderne*, Paris, P.U.F., 1990, p. 10.

[26] ISIDORO DE SEVILHA, *Etymologiae*, V, 1, 3.

MEMÓRIA E LEI

E Almeida Garrett di-lo claramente, para justificar a razão codificadora do constitucionalismo moderno: trata-se de fixar, reduzir a escrito, e pôr em boa ordem as antigas liberdades, as leis (não-escritas) fundamentais do reino, com o intento de que não sejam esquecidas, e consequentemente ignoradas e desrespeitadas.

Aliás, algumas das mais antigas constituições escritas da Europa iam no mesmo sentido. A constituição francesa de 1791, a de Espanha de 1812, dita constituição de Cádiz (ou "La Pepa"), e a constituição portuguesa de 1822, todas as três, de uma forma ou doutra, afirmam, nos seus preâmbulos, que a causa das desgraças políticas (do antigo Regime, do absolutismo) apenas foi a não observância – ou esquecimento – das velhas liberdades[27].

Infelizmente não se tem entendido – ou se não quer entender –, dumas bandas e de outras, que o liberalismo moderno é filho, ou pelo menos neto, do tradicionalismo das antigas liberdades, e que, assim, a filiação invocada não é só mítico-simbólica, mas mítico-histórica. Muda é o contexto, o estilo, e os problemas a enfrentar, como é natural.

---

[27] Textos dos «preâmbulos» respectivos: *Déclaration des droits de l'homme et du Citoyen du 26 août 1789*, antecedendo a Constituição de 1791: «Les représentants du peuple français, constitués en Assemblée nationale, considérant que l'ignorance, l'oubli et le mépris des droits de l'homme sont les seules causes des malheurs publics et de la corruption des gouvernements, ont résolu exposer, dans une déclaration solennelle, les droits naturels, inaliénables et sacrés de l'homme (...)»; Constitución de Cadiz de 1812 – *Constitución Politica de la Monarquía Española*: En el nombre de Dios todo poderoso (...) La Cortes generales y extraordinarias de la Nación española, bien convencidas, después del más detenido examen y madura deliberación, de que las antiguas leyes fundamentales de esta Monarquía, acompañadas e las oportunas providencias y precauciones, que aseguren de un modo estable y permanente su entero cumplimiento, podrán llenar debidamente el grande objeto de promover la gloria, la prosperidad y el bien (...)"; *"Constituição portuguesa* de 23 de Setembro de 1822: «Em nome da Santíssima e Indivisível Trindade. As Cortes Gerais Extraordinárias e Constituintes da Nação Portuguesa, intimamente convencidas de que as desgraças públicas, que tanto a têm oprimido e ainda oprimem, tiveram sua origem no desprezo dos direitos do cidadão, e no esquecimento das leis fundamentais da Monarquia; e havendo outrossim considerado que somente pelo restabelecimento destas leis, ampliadas e reformadas, pode conseguir-se a prosperidade da mesma Nação e precaver-se que ela torne a cair no abismo (...)". A Constituição espanhola é a menos explícita, como se vê...

Capítulo IV
Memória e Método Jurídico

Não é só questão de guardar os costumes mais convenientes, os usos mais correntes, os mais aceites ou os mais práticos ou funcionais, as decisões mais sábias (ou que se supõe serem-no). Também não é uma simples questão de preservar e de bem mostrar aos soberanos e aos poderes em geral, ponto por ponto, os direitos, garantias e as liberdades mais sagradas dos povos: sejam elas antigas, sejam elas modernas, entretanto, fundadas.

O direito, a par com esse depósito, este *thesaurus*, de créditos definitivos, essa memória mais ambiciosa e *à la longue*, também precisa de uma memória de curto prazo. De facto, o mecanismo da ação concreta do direito tem tudo a ver com a retenção e a reconstituição dos factos: uma memória. Tal é verdade nomeadamente no seu plano mais específico, o da patologia e da terapêutica jurídica (excluída assim a fisiologia jurídica... na qual alguns autores não veem ainda qualquer manifestação de direito puro), o método e as técnicas dos rituais jurídicos *proprio sensu*.

Assim, o julgamento é um diálogo entre a memória dos factos-padrão (factos elevados a modelo por via de leis imperativas prescritivas; ou os factos apontados como anti-modelo pelas leis proibitivas/sancionadoras) e os factos efectivamente sucedidos, realmente cometidos – tanto quanto a memória seja capaz de os reconstituir. E não olvidemos que não só as leis são interpretáveis em direito: tudo começa, na verdade, muito antes, com a própria interpretação dos factos[28].

---

[28] Cf., *v.g.*, THEODORE IVAINIER, *L'Interprétation des faits en Droit*, Paris, LGDJ, 1988.

INICIAÇÃO À METODOLOGIA JURÍDICA

Grosso modo, se os factos que a memória legal (ou costumeira, etc. – na muito pequena medida em que é admitida no nosso direito, intrinsecamente legalista) guarda como sendo dignos de louvor ou merecedores de assentimento coincidem com os factos praticados, tudo está bem: retoma-se a fisiologia jurídica. Mas se, no limite, os factos provados em tribunal, pelo contrário, coincidem com o tipo legal criminal (a memória negra dos piores factos, os factos eticamente mais censuráveis na perspetiva da comunidade em questão), então estamos no domínio patológico, e terá de ser aplicada uma terapêutica. Porque os juristas querem ser os «médicos da cultura» e da sociedade. O resultado desta conformidade com a má memória será a reedição, a memória viva, em acto – ou o ritual – da punição: a produção estadual de um mal para o agente que produziu previamente um mal coletivo (embora, como é bem sabido, a noção de público e privado, e de mal público e mal privado, tenha oscilado muito...e continue a oscilar). A evocação da memória negra dos factos erróneos, culposos, criminosos, envolve o ritual – memória feita acto, reencarnação das penas, encenação (*mise--en-scènes*) do castigo: também ela guardada, memorizada para a sanção das normas penais[29]. E as memórias podem ser muito negras...

Aliás, as normas penais fazem apelo a uma dupla memória na sua dupla estrutura, enquanto normas: a primeira parte, *a hipótese*, memoriza os factos considerados maus (ou agravamentos circunstanciais do mal), e organiza-os em tipos-ideais (para utilizar a terminologia sociológica geral de Max Weber), os quais têm, em teoria jurídica, a designação especializada de *tipo legal, Tatbestand, fattispecie*, etc..; a segunda parte, a *sanção* (assim nomeada, mesmo nas regras que não impõem penas...), também designada "estatuição", é a descrição do mal a infligir corres-

---

[29] Sobre os aspectos míticos da pena, CHRISTIAN NILS ROBERT, *L'impératif sacrificiel. Justice pénale: au-delà de l'innocence et de la culpabilité*, Lausanne, D'en Bas, 1986; ANTOINE GARAPON, *L'âne portant des reliques – Essai sur le rituel judiciaire*, Paris, Le Centurion, 1985; FRANCISCO PUY, *Tópica Jurídica*, Santiago de Compostela, Imprenta Paredes, 1984, spéc. p. 257 ss. (há nova edição, mexicana); e os nossos «Mythe, symbole et rituel aux racines du droit pénal», in *Le Droit et les sens*, Paris, L'Atelier de l'Archer, diff. PUF, 2000, p. 46 ss. e ainda: *A Constituição do Crime*, Coimbra, Coimbra Editora, 1998; *Das Penas e dos seus Fins. Recordando Narrativas Fundadoras em Direito Penal*, in "Revista de Ciência Criminal", ano 21, nº 1, pp. 7-28.

pondente ao mal produzido pelo particular, previamente descrito na hipótese. Ela é, afinal, a memória dos factos punitivos que ritualizam o castigo considerado adequado aos culpados.

A lei é assim, por tudo o que vimos, a grande memória dos bons e maus factos das gentes. E ela faz corresponder aos factos cometidos consequências, sobretudo consequências «fisiológicas» (é o normal para os actos e os factos jurídicos), mas também consequências «patológicas» – das penas e das sanções *hoc sensu* – para os casos da *memória da sombra*. Apesar de Triboniano ter querido, além das consequências negativas, invocar os prémios inerentes ao cumprimento do dever[30]. Mas não se trata verdadeiramente de prémios (se afastamos a condecorações, a atribuição de títulos honoríficos, de nobreza, etc.), mas sim de consequências verdadeiramente neutras, não de penalizações. Triboniano terá interpolado o texto original... E isso é significativo[31].

A prova em direito, seja ela documental, seja ela testemunhal, pericial, ou outra, pode ter diversas dimensões[32]: mas tem também uma relação evidente com a memória. Ela quer lembrar-se e relembrar. O documento põe em evidência, confirma, certifica, testemunha, *prova* coisas passadas que se desejou (que alguém pretendeu) fazer durar.

O testemunho (o testemunhar em juízo ou em documento para ir a juízo) é um discurso sobre o passado e um diálogo sobre diferentes imagens e discursos sobre o passado. Confrontos de memórias reais e de memórias fictícias e hipotéticas. A testemunha procura no arquivo da sua memória pessoal as lembranças dos factos passados, aos quais assistiu, ou no quais participou de uma forma ou doutra. O juiz, os advogados, os magistrados do Ministério Público, questionam-na para

---

[30] ALFONSO GARCÍA-GALLO, *Antologia de Fuentes del Antiguo Derecho. Manual de Historia del Derecho*, II, 9ª ed. revista, Madrid, 1982, p. 41: "int. Trib.: discernentes, bonos non solum metum pœnarum, verum etiam præmiorum quoque exhortatione efficere cupientes".

[31] Assim como é significativo, a este propósito, o testemunho, muito ulterior, de Montesquieu: "Quand dans un royaume il y a plus davantage à faire sa cour qu'à faire son devoir, tout est perdu." MONTESQUIEU – *Variétés*.

[32] Cf., desde logo, MORTIMER ADLER/JEROME MICHAEL, *The Nature of judicial Proof: An Inquiry into the Logical, Legal, and Empirical Aspects of the Law of Evidence*, New York, Columbia University Law School, 1931.

INICIAÇÃO À METODOLOGIA JURÍDICA

esclarecer a memória, para fazer emergir pormenores, para libertar o quadro da poeira do tempo, para surpreender eventuais contradições, provas de lapsos ou erros de memória – até mesmo falsa memória, ou mentira. Mas isso já é outro problema[33].

A prova pericial é uma memória indirecta, uma segunda memória. Ela avalia, munida da grande e «objetiva» memória da ciência, de uma ciência, ou de uma qualquer especificidade, o valor de outros testemunhos, ou o valor dos documentos. Ela é, assim, uma prova para a memória.

---

[33] Para a questão, *v.g.*, ERIC LANDOWSKI, «Vérité et véridiction en droit», in *Droit et Société*, nº 8, 1988, Paris, LGDJ/CRIV, p. 45 ss.; CHAIM PERELMAN, "Opinions et vérité", in *Rhetoriques*, Bruxelles, Editions de l'Université de Bruxelles, 1989, p. 425 ss.; STAMATIOS TZITZIS, *Le Juge et la Vérité*, "Crises", 4, 1994, p. 103 ss.; E. MEESE, "Promoting Truth in the Courtroom", *Vanderbilt Law Review*, nº 40/2, 1987, p. 271 ss.; Z. ZBANKOWSKI, "The value of truth. Fact scepticism revisited", *Legal Studies*, nº 1, 1981, p. 257 ss.; D. DAVIDSON, *Inquires into truth and interpretation*, Oxford, Claredon Press, 1985; DANIEL A. FARBER,/ SUZANNA SHERRY, *Beyond all reason: the radical assault on truth in American Law*, New York, Oxford University Press, 1997; JUAN VALLET DE GOYTISOLO, *Derecho y Verdad*, separata de "Verbo", Speiro, 1996, série XXXV, nº 347-348; e o nosso estudo *Verdade, Narração e Judicatura*, in *Verdad (Narración) Justicia*, coord. José CALVO GONZÁLEZ, Málaga, Univ. Málaga, s/d., hoje no nosso livro *Res Publica. Ensaios Constitucionais*, Coimbra, Almedina, 1998, p. 119 ss..

A verdade judiciária em relação com a memória histórica pode ser ilustrada por: PAMELA BRANDWEIN, *Reconstructing reconstruction: the Supreme Court and the Historical Truth*, Durham, North Carolina, Duke University Press, 1999. É sempre importante a inspiração dos clássicos: TOMÁS DE AQUINO, *Verdade e Conhecimento*, trad., introd., notas de Luiz Jean Lauand e Mario Bruno Sproviero, São Paulo, Martins Fontes, ed. de 1999; FRIEDRICH NIETZSCHE, *Über Wahreit und Lüge im aussernoralischen Sinne*, in *Werke*, III, Schlechta, Frankfurt, Ullstein, ed. de 1979; HANS-GEORG GADAMER, *Wahreit und Methode*, 3ª ed., Tuebingen, J. C. B. Mohr (Paul Siebeck), 1973 (1ª ed. - 1960), trad fr. Etienne Sacre, rev. Paul Ricoeur, *Vérité et Méthode. Les grandes lignes d'une herméneutique philosophique*, Paris, Seuil, 1976; MORTIMER ADLER, "How to think about truth", ed. por Max Weisman, in *The Great Ideas*, Chicago and La Salle, Open Court, 2000; JOSE MARINHO, *Teoria do Ser e da Verdade*, Lisboa, Guimarães Editores, 1961; MICHEL FOUCAULT, *A Verdade e as formas jurídicas*, ed. port., Rio de Janeiro, P.U.C., 1974.

Capítulo V
A Luta pela Memória. Dos *Mnemones* aos Juristas

Chegamos assim a uma pequena teoria (e a teoria é, etimologicamente, no grego antigo, uma visão – *theoria*) das relações gerais entre a memória e o direito. Entre *theoros* e *mnemones* há relações interessantes. Primeiro, a teoria depende em grande parte da memória. E isso é bem verdade – demasiado verdade? – na teoria jurídica, e nas teorias jurídicas[34].

Lembremo-nos que os *mnemones* eram os guardas das coisas de memória mais relevantes. O que é notável é o ter esta palavra adquirido no decorrer da história muitos significados diferentes.

Tudo indica que, no princípio, *mnemon* era uma testemunha privilegiada, uma testemunha cujo testemunho era especialmente valorizado, mas que não correspondia de modo nenhum a uma função certificativa permanente por parte da testemunha: segundo Teofrasto, na lei de Thurium, os três vizinhos mais próximos de uma propriedade que houvesse mudado de mãos recebiam uma moeda, para poderem lembrar-se futuramente e eventualmente testemunhar a transação presenciada[35].

---

[34] Acerca do problema, *v.g.*, ENRIQUE MARI, «*Jeremy Bentham: du 'souffle pestilentiel de la fiction' dans le droit à la théorie du droit comme fiction*», in *Revue Interdisciplinaire d'Etudes Juridiques*, 1985, nº 15, p. 1 ss.; J. F. PERRIN. (*et alii*), *Pour une théorie de la connaissance juridique*, Genève, Droz, 1979; Jean-Marc Trigeaud, «*La Théorie du Droit face aux savoirs de substitution*», in *Persona y Derecho*, vol. 32, 1995, p. 23 ss.; CHRISTIAN ATIAS, *Théorie contre arbitraire*, Paris, P.U.F., 1987.

[35] Cf. JACQUES LE GOFF, *Memória*, in *Enciclopédia* (Einaudi), 1. *Memória-História*, ed. port., Lisboa, Imprensa Nacional-Casa da Moeda, 1984, p. 20.

INICIAÇÃO À METODOLOGIA JURÍDICA

A função social destes guardas da memória é sobretudo jurídica. Tal como os *harpedonaptas* no Egipto mediam as terras para vir a devolver o *seu a seu dono* depois das cheias do Nilo, dando nascimento, por razões de direito (*suum cuique tribuere*), à geometria[36], tal como a retórica teria nascido da necessidade de discursar bem, com o fim de reivindicar as propriedades aos seus antigos proprietários depois da queda de um governo confiscador, na Grécia Antiga[37], a memória é também objeto de uma institucionalização, à semelhança do que sucedera com o direito e a geometria e a retórica: para poder dar testemunho futuro sobre a propriedade... E notemos que a propriedade é a forma predominante do direito-mãe, o direito romano[38].

Uma segunda fase leva a esta institucionalização (já nascida sob o signo do direito e da memória da partilha ou da divisão) um pouco mais longe. O *mnemon* torna-se designação para um funcionário da memória, seja uma espécie de secretário dos heróis (o último desta linhagem teria sido o do duque de Saint Simon[39]); seja como funcionário encarregado de reter na sua memória os dados úteis do ponto de vista simbólico, ritual, etc.: quer das matérias religiosas, quer dos assuntos jurídicos.

A terceira fase é a inevitável reciclagem desses funcionários, pela mudança de dados da técnica. Pela generalização da escrita, eles tornam-se arquivistas[40]. A escrita muda tudo, tanto a memória como o direito[41].

---

[36] MICHEL SERRES, *Le contrat naturel*, François Bourin, Paris, 1990, p. 93 ss..

[37] Roland Barthes, *L'Aventure sémiologique*, Paris, Seuil, 1985.

[38] Afirma, muito significativamente, ORLANDO VITORINO, *Refutação da Filosofia Triunfante*, Lisboa, Guimarães Editores, 1983, p. 179: "A forma predominate do Direito Romano não é, pois, o contrato, mas a propriedade, que tem o significado que na palavra verdadeiramente exprime: o que é próprio das coisas, o que reside nas coisas mesmas e não em quem as possui. Em Direito Romano não se poderá dizer como em direito moderno, que 'as coisas são propriedade de alguém', mas sim que as coisas 'têm propriedade'".

[39] Lembrar-nos-emos que Saint-Simon era todos os dias acordado pela mesma frase de *mnemon*: «Monseigneur, souvenez-vous que vous avez aujourd'hui de grandes choses à faire».

[40] Cf. JACQUES LE GOFF, *op. loc. cit.*.

[41] JACK GOODY, *The logic of writing and the organisation of society*, Cambridge University Press, 1986, trad. port. par Teresa Louro Pérez, *A lógica da escrita e a organização da sociedade*, Lisboa, Edições 70, 1987, máx., p. 149 ss.. Aliás, por exemplo, a imprensa e o cons-

MEMÓRIA E MÉTODO JURÍDICO

Quando os preservadores oficiais da memória oral se tornam burocratas da palavra escrita, o direito, ele próprio, caminha na estrada do
legalismo. Já são conhecidos os seus frutos. A redução da memória a
textos escritos contribui também para o crescimento do peso das instâncias jurídicas. Doravante, a memória dos povos será oficial, pela sua
versão jurídica: por leis, por peças processuais, por documentos que se
amontoam nos arquivos. Curiosa máxima, muito eloquente: «quod non
est in actis non est in mundo». A memória, tornada jurídica, quer-se
monopolista da realidade passada.

E contudo, há uma memória histórica de pessoas pouco importantes,
uma memória das coisas banais[42], e mesmo parece que os protagonistas
da memória social são sobretudo, e cada vez mais, as «minorias», os
marginais, os «excluídos»[43], ou os proscritos e malditos[44]... A partir de
um certo momento, conta-se com uma memória proveniente da versão
do real transmitida pela comunicação de massas (paralela à memória
oficial, e hoje impondo-se a tudo). Desde que na sociedade os juristas
perderam a sua «centralidade», o seu papel de poder sobre os factos e
sobre as imagens (sobre a memória dos factos), a memória pluralizou-
-se em memórias. Todavia, subsiste uma memória dos juristas, a qual
já foi considerada uma «paixão»[45]. Ela já não é oficial, deixou de ser

---

titucionalismo moderno andam de mãos dadas: v. DANIEL J. BOORSTIN, Cleopatra's nose,
trad. port. par Maria Carvalho, O Nariz de Cleópatra. Ensaios sobre o inesperado, Lisboa,
Gradiva,1995, p. 81 e seguintes. Não deixemos ainda de observar a mudança retórica na
elaboração de peças processuais desde que a informática permite a consulta e o armaze-
namento fáceis de multidão de dados e as funções copy-paste a sua banal invocação, sem
a penosidade da cópia normal.

[42] DANIEL ROCHE, Histoire des choses banales, Paris, Fayard, 1997.

[43] Por exemplo, num certo sentido, já James Fentress, Chris Wichkam, Remembering. In
social memory, Oxford, Blackwell, 1992.

[44] É o caso, por exemplo, do já célebre moleiro Domenico Scandella, conhecido por
Menocchio, protagonista de uma saga de heterodoxia religiosa que o levaria à pena
capital decretada pela Inquisição, e analisada magistralmente por CARLO GINZBURG, Il
formaggio e i vermi: il cosmo di un mugnaio del '500, Turim, Einaudi, 1976. Cfr. a propósito
o nosso artigo Moleiros Livres, in "O Primeiro de Janeiro", Porto, 9 de fevereiro de 2006.

[45] ALDO MAZZACANE, El jurista y la memoria, in Pasiones del Jurista. Amor, memoria, melancolía, imaginación, ed. Carlos Petit, Madrid, Centro de Estudios Constitucionales, 1997,
p. 75 ss..

uma memória comum, a nossa memória comum, a memória coletiva decantada...

E contudo a nossa linguagem e as nossas lembranças enquanto juristas e os nossos olhares para o passado enriqueceriam muito a memória coletiva. Infelizmente, não é este um tempo das togas... Veja-se a inquietação que provoca o simples exercício do seu *mumos* por parte dos tribunais superiores que exercem funções de controlo da constitucionalidade. A ponto de, em alguns países, se querer acabar com os tribunais constitucionais. Ou abertamente se advogar a escolha dos seus magistrados de acordo com critérios que só podem ser de fidelidade política. As togas têm uma legitimidade que incomoda, num tempo de submissão quase total à demagogia e à propaganda. Ou ao puro poder.

Será necessário considerar também que, no sistema jurídico não legalista mais jurisdicional (como o anglo-saxónico), os lugares de memória são outros, algo diferentes. Nunca se trata, realmente, como no "direito livre", de afastar totalmente a lei. Mas, no sistema jurídico da «common law», a memória do bem e do mal jurídicos (aliás sinal desta oposição geral – ou da sua ausência anómala) confunde-se com a memória de casos julgados, os quais, pela regra do precedente (*rule of precedent*), se alçam a modelos.

Neste mundo de crescente anarquia das normas, de confusão das fontes, vivemos também a pulverização da memória em *memórias* antagónicas. Um novo direito jogar-se-á sem dúvida no caleidoscópio das imagens do passado – modelos para a ação e a sanção.

E a questão daqui em diante é a de escolher as boas imagens, de fazer das memórias opostas e múltiplas uma memória coerente, operatória e prospetiva.

O nosso tempo arrisca-se a ser o lugar do grande esquecimento. Parece mesmo que alguns se encontram apostados mesmo em fazer tábua rasa do passado – certamente porque não aguentariam o impacto do confronto. Mas a amnésia é fatal a qualquer civilização. E por entre as ruínas que se volvem pó, e as letras que se apagam, os juristas têm ainda essa acrescida obrigação de salvar memórias. São, em grande medida, de mãos dadas com outros Humanistas, os *mnemones* do tempo que passa, do tempo que foge... e "ataca fugindo", como sublinhou um agudo escritor brasileiro.

PARTE II

RETÓRICA E HERMENÊUTICA NAS ORIGENS DO DIREITO

Sumário: I. *História Grega*. II. *Metodologia Romana*.

Capítulo I
História Grega

Como quase sempre nas coisas da Civilização Ocidental, tudo começa com os Gregos[46]. Neles se encontra esse momento matinal do

---

[46] Embora esta afirmação seja um verdadeiro tópico, bem se podem colher razões para o afirmar em múltiplas autoridades. Cf., por todos, *v.g.*, BRUNO SNELL, *Die Entdeckung des Geistes*, Göttingen, Vandwnhoeck & Ruprecht, 1975, trad. port. de Artur Morão, *A Descoberta do Espírito*, Lisboa, Edições 70, 1992, começando logo por afirmar: "O pensamento europeu começa com os Gregos e, desde então, surge como a única forma do pensamento em geral. A forma grega do pensar é, sem dúvida, obrigatória para nós, europeus e, por isso, quando filosofamos ou fazemos ciência, o pensamento desprende-se de todas as condições históricas e visa o incondicional e o permanente, tende para a verdade, mais ainda, não só visa apreender, mas realmente atinge o permanente, o incondicionado e o verdadeiro. E, no entanto, este pensamento desenvolveu-se historicamente (...)" (p. 11). Um clássico sobre a aventura grega do Espírito é WERNER JAEGER, *Paideia, Die Formung des Griechichen Menschen*, Berlin, Walter de Gruyter, 1936, trad. port. de Artur M. Parreira, *Paideia. A Formação do Homem Grego*, Lisboa, Aster, 1979. No plano especificamente filosófico, cf. o estudo de F. M. CORNFORD, *Principium Sapientiæ. The Origins of greek Philosophical Thought*, Cambridge, Cambridge University Press, 1952, ed. port., trad. de Maria Manuela Rocheta Santos, *As Origens do Pensamento Filosófico grego*, Prefácios de W. K. C. Guthrie, Lisboa, Fundação Calouste Gulbenkian, 1975. E já HEGEL, *Introdução à História da Filosofia*, trad. port. do Dr. A Pinto de Carvalho, prefácio do Prof. Joaquim de Carvalho, 3ª ed., Coimbra, Arménio Amado, 1974, máx. p. 145 ss., especialmente p. 152 ss..
Para uma abordagem sucinta da cultura grega antiga, entre nós, MARIA HELENA DA ROCHA PEREIRA, *Estudos de História da Cultura Clássica*, I vol. *Cultura Grega*, 5ª ed., Lisboa, Fundação Calouste Gulbenkina, 1980; Idem (org. e trad. do original), *Hélade. Anto-*

INICIAÇÃO À METODOLOGIA JURÍDICA

ser das coisas, em que podemos encontrar o arcaico e o clássico, quase lado a lado, tal como o dionísiaco e o apolíneo[47].

A ideia do nascimento epistemológico do Direito, do *ius redigere in artem*, surge antes de mais na Grécia[48], e surge precisamente ligado à Retórica.

Sabemos pela investigação sociológica, histórica e até antropológica[49] que a normatividade se exprime de múltiplas formas, e se mescla

---

logia da Cultura Grega, 7ª ed., Coimbra, Faculdade de Letras da Universidade de Coimbra – Instituto de Estudos Clássicos, 1998.

[47] Sobre o arcaico e o clássico na Grécia Antiga, cf. a obra de Moses Finley. Cf., por todos, M. I. FINLEY, M. I., *Politics in the Ancient World*, Cambridge, Camb. Univ. Press, 1983; Idem, *A Economia Antiga*, 2ª ed. port., trad. de Luísa Feijó e Carlos Leite, Porto, Afrontamento, 1986 (orig. Univ. of California Press, 1973), Idem, *Ancient History – evidence and models*, Darwin College, University of Cambridge, 1985, trad. port. de Valter Lellis Siqueira, *História Antiga – testemunhos e modelos*, e muito especialmente Idem, *The World of Odysseus*, New York, The Viking Press, trad. port. de Armando Cerqueira, *O Mundo de Ulisses*, Lisboa, Presença/Martins Fontes, 1972.

Sobre a dicotomia Apolíneo *vs.* Dionisíaco, cf. o clássico NIETZSCHE, *Die Geburt der Tragödie oder Griechentum und Pessimismus*, 1871. Com subtileza observa H. D. F. KITTO, *The Greeks*, Harmondsworth, Middlesex, Penguin Books, trad. port. de José Manuel Coutinho e Castro, *Os Gregos*, 3ª ed., Coimbra, Arménio Amado, 1980, pp. 417-418, que a admiração dos Helenos pelo *Justo Meio* pelo facto de serem propensos a extremos.

Para uma recente visão panorâmica da história da Grécia antiga, em português, *v.g.*, CLAUDE MOSSÉ/ANNIE SCHNAPP-GOURBEILLON, *Précis d'Histoire Grecque*, Paris, Armand Colin, 1991, trad. port. de Carlos Carreto, revisão científica de Amílcar Guerra, *Síntese de História Grega*, Porto, Asa, 1994.

Para uma síntese das instituições helénicas, cf. CLAUDE MOSSÉ, *Les Institutions Grecques*, Paris, Armand Colin, trad. port. de António Imanuel Dias Diogo, *As Instituições Gregas*, Lisboa, Edições 70, 1985.

[48] Cf. STAMATIOS TZITZIS, *La Naissance du Droit en Grèce*, in *Instituições de Direito*, I vol., *Filosofia e Metodologia do Direito*, org. de Paulo Ferreira da Cunha, Prefácio de Vítor Aguiar e Silva, Coimbra, Almedina, 1998, p. 191 ss.

[49] Cf., no domínio antropológico apenas (o menos conhecido), *v.g.*, NORBERT ROULAND, *Anthropologie Juridique*, Paris, P.U.F., 1988; Idem, *L'Anthropologie Juridique*, Paris, P.U.F., "Que sais-je?", 1990; Idem, *Aux Confins du Droit*, Paris, Odile Jacob, 1991; MISHA TITIEV, *Introdução à Antropologia Cultural*, trad. port., 3ª ed., Lisboa, Fundação Calouste Gulbenkian, 1979, máx. p. 263 ss.; ROGER M. KEESING, *Cultural Anthropology. A Contemporary Perspective*, 2ª ed., New York *et al.*, Holt, Reinehart and Winston, 1981; LOUIS ASSIER-ANDRIEU, *Le juridique des anthropologues*, in «Droit et Société. Revue Internationale du

HISTÓRIA GREGA

com diversas manifestações do mágico, do sagrado, do poder. Mas a espadeirada no nó Górdio do caldo de cultura sincrético pré-jurídico foi dada na Grécia, no terreno especulativo e especialmente por Aristóteles[50], e sobretudo a propósito de questões retóricas.

Mesmo um romanista como Michel Villey, não deixa de sublinhar o legado grego no caminho para esse *Isolierung*[51] da juridicidade:

> "Quem desejar avaliar até que ponto o Direito romano se tornou uma *arte*, no sentido muito especial em que Cícero entende esta palavra, quer dizer, uma doutrina coerente, que simplesmente dê uma vista de olhos sobre as *Institutas* romanas de Direito (...) Porque, o clássico manual de ensino romano realiza os votos de Cícero. Toda a ciência do Direito se organiza numa pirâmide de noções tanto quanto possível definidas.

Droit et de Sociologie Juridique», nº 5, Paris, 1987, p. 89 ss. E o clássico MARCEL MAUSS, *Sociologie et Anthropologie*, com introd. de Claude Lévi-Strauss, Paris, P.U.F., 1973 (inclui, na 2ª parte: *Essai sur le don. Forme et raison de l'échange dans les sociétés archaïques*, que fora publicado inicialmente in *L'Année Sociologique*, 2ª série, 1923-1924, t. I). Entre nós, v. ARMANDO MARQUES GUEDES, *Entre Factos e Razões. Contextos e Enquadramentos da Antropologia Jurídica*, Coimbra, Almedina, 2005, entre outros livros do mesmo autor. Para mais desenvolvimentos antropológicos cfr. o nosso *Viagem à Tribo dos Juristas*, Lisboa, Quid Juris, 2010, *passim*, e bibliografia aí citada.

[50] Cf., para o nosso presente escopo, especialmente, ARISTÓTELES, *Éticas a Nicómaco*, Livro V (da Justiça em geral); Idem, *Retórica*; Idem, *Poética*; Idem, *Metafísica*, máx. Livro IV, 2 (sofística, dialética e filosofia, principalmente); Idem, *Organon, Topica*. Uma síntese do pensamento jusfilosófico de Aristóteles pode colher-se antes de mais in MICHEL VILLEY, *La Formation de la Pensée Juridique Moderne*, Paris, Montchrestien, 1975, pp. 36-61; ANTONIO TRUYOL SERRA, *Historia da Filosofia do Direito e do Estado*, vol. I. *Das Origens à Baixa Idade Média*, ed. port., trad. de Henrique Barrilaro Ruas, Lisboa, Instituto de Novas Profissões, 1985, pp. 131-142; GUIDO FASSÒ, *Storia della filosofia del diritto*, Bologna, Il Mulino, 1970, 3 vols., trad. cast. de José F. Lorca Navarrete, *Historia de la Filosofía del Derecho*, Madrid, Pirámide, 1982, 3 vols., I vol. *Antiguedad y Edad Media*, pp. 59-72.

[51] Sobre esse *isolamento* do Direito, fruto da sua autonomização epistemológica, nos seus momentos primeiros, cf., *v.g.*, YAN THOMAS, *Mommsen et 'l'Isolierung' du Droit (Rome, l'Allemagne et l'État)*, Paris, Diffusion de Boccard, 1984. Sobre a história do declínio desse isolamento, cf., *v.g.*, JUAN VALLET DE GOYTISOLLO, *A Encruzilhada Metodológica Jurídica no Renascimento, a Reforma, a Contra-Reforma*, trad. port. de Fernando Luso Soares Filho, Lisboa, Cosmos, 1993, *passim*, máx. p. 39.

INICIAÇÃO À METODOLOGIA JURÍDICA

No vértice da pirâmide, o Direito em si mesmo, objeto da nova disciplina. Para o definir, para o situar em relação a outras disciplinas, os Romanos utilizaram o contributo da filosofia grega. Eles exploraram sobretudo, segundo cremos, a filosofia de Aristóteles, transmitida na retórica judiciária: porque Aristóteles nas suas *Éticas*, na sua *Política* e na sua *Retórica*, tinha especialmente feito a análise da experiência jurídica das cidades gregas, muito próxima da romana."[52]

Já Roland Barthes assinalava com curioso gáudio, a ligação da retórica com as questões jurídicas da propriedade:

"Dá gosto verificar que a arte da palavra está originalmente ligada a uma reivindicação de propriedade, como se a linguagem, na sua qualidade de objeto de uma transformação e condição de uma prática, se tivesse determinado, não a partir de uma subtil mediação ideológica (como certamente aconteceu a tantas outras formas de arte), mas a partir da socialidade (*sic*) mais nua, afirmada na sua brutalidade fundamental, a da possessão de terras: começámos a refletir sobre a linguagem para defendermos os nossos bens."[53]

Embora Barthes fale sobretudo a partir da experiência grega[54], mesmo deslocando-nos para a memória das coisas egípcias[55] a sua

---

[52] MICHEL VILLEY, *Le Droit Romain*, 8ª ed., Paris, PUF, 1985 (1ª ed., 1945), pp. 40-41 (tradução nossa).

[53] ROLAND BARTHES, *L'Aventure Sémiologique*, Paris, Seuil, 1985, trad. port. de Maria de Sta. Cruz, *A Aventura Semiológica*, Lisboa, Edições 70, 1987, p. 24.

[54] E afirmará limitar-se no citado texto a Atenas, Roma e França. V. ROLAND BARTHES, *A Aventura Semiológica*, p. 20.

[55] Há uma tendência para procurar antes dos Gregos alguns elementos civilizacionais de que se lhes atribuíu durante muito tempo o pioneirismo. É o caso da Filosofia. Cf., por todos, entre nós, JOSÉ NUNES CARREIRA, *Filosofia antes dos Gregos*, Mem Martins, Europa-América, 1994. Particularmente no que toca à importância da linguagem em momentos matinais da Civilização (mas não só: em todas as re-fundações, cremos), não se esqueça a clássica afirmação de Confúcio, nos *Analectos*, segundo a qual a retificação da Língua (ou seja: do seu uso) seria a primeira tarefa política a empreender. Por isso também hodiernamente *novilínguas* como o "estatistiquês", o "financês" e o "eduquês" procuram mistificar e falar para confundir e manter o poder nas mãos dos que sabem a sua chave.

observação será corroborada, e novamente por outro grande nome de um não jurista: o filósofo das ciências Michel Serres faz também derivar o nascimento da Geometria de questões de propriedade das terras (designadamente sobrevindas depois das cheias do Nilo) assinalando, assim, a condição prévia do Direito. Começa por traçar o contexto físico e a solução encontrada:

> "Origines. Du Côté de L'Egypte. Premières lois sur la Terre. Le temps régulier venu, les crues du Nil noyaient les limites des champs cultivables dans la vallée alluviale que le fleuve fécondait: aussi, au débit d'étiage, des fonctionnaires royaux, appelés harpédonaptes, arpenteurs ou géomètres, mesuraient à nouveau les terres mêlées par la boue et le limon pour en redistribuer ou en attribuer les pars. La vie reprenait. Chacun revenait chez soi pour vaquer à ses travaux. (...)"[56]

Para seguidamente, entre vários comentários de grande originalidade e subtileza, aproximar a geometria da Ma'at egípcia[57], identificando-a mesmo (embora talvez *cum grano salis*) ao próprio Direito Natural[58].

Interessante, sem dúvida, é a observação seguinte – que nos abre pistas incomuns:

> "Si un quelconque chroniqueur égyptien avait écrit cette histoire, et non Hérodote, on aurait conclu à la naissance du droit, comme si les Grecs avaient tiré vers la science un processus d'émergence de l'ordre que les Égyptiens orientaient vers les formes de la procédure.»[59]

---

[56] MICHEL SERRES, *Le contrat naturel*, François Bourin, Paris, 1990, p. 87.

[57] *Ibidem*, p. 90. Sobre a evolução jurídica egípcia e a Ma'at, cf., *v.g.*, ANTONIO TRUYOL SERRA, *Historia da Filosofia do Direito e do Estado*, vol. I. *Das Origens à Baixa Idade Média*, pp. 19-26; JONH GILISSEN, *Introdução Histórica ao Direito*, ed. port., trad. de A. M. Hespanha e L. M. Macaísta Malheiros, Lisboa, Fundação Calouste Gulbenkian, 1988, p. 52 ss..

[58] MICHEL SERRES, *Le contrat naturel*, p. 93: «Qu'est-ce que le droit naturel? la géométrie: elle tombe du ciel!».

[59] *Ibidem*, p. 90.

Concluindo, então:

«Le droit précède la science, et, peut-être, l'engendre; ou plutôt: une origine commune, abstraite et sacrée, les rassemble. Avant elle, on ne peut imaginer que le déluge, la grande crue première ou récursive des eaux, c'est-à-dire ce chaos qui mêle les choses du monde, les causes, les formes, les relations d'attribution et qui confond les sujets.»[60]

Este caos primordial das águas é o mesmo caos primordial do discurso. E pode ver-se no empreendimento anti-sofístico (sendo a sofística uma má retórica: ao serviço que qualquer causa, não da verdade – *rectius*, da sua procura, empreendimento mais dialéctico que retórico[61]) o primeiro passo para a separação das águas, e para a ordem do

---

[60] *Ibidem*, p. 90.

[61] A avaliação sobre o legado retórico é diversa. Não partilhamos, é certo, o entusiasmo de um Hegel pela sofística, o qual teve alguma posteridade. Podendo ser episodicamente verdadeiro, não nos convence o argumento de que alguma vez terão respondido sem dúvida a um estrangeiro que o mais conhecido sofista na cidade de Atenas seria Sócrates, como contra Platão (que o coloca nos "antípodas dos sofistas") começa por argumentar Wilhelm Nestle, *Vom Mythos zum Logos. Die Selbstentfaltung des griechischen Denkens von Homer bis auf die Sophistik und Sokrates*, 2ª ed., Stuttgart, Alfred Kröner, 1975, p. 529. Cf., em geral, sobre estas e outras "questões sofísticas", Livio Sichirollo, *Dialletica*, Milão, Isedi, 1973, trad. port. de Lemos de Azevedo, *Dialéctica*, Lisboa, Presença, 1980, máx. p. 23 ss.. À luz do nosso contemporâneo (e também pessoal) conceito de sofista e de filósofo, Sócrates é filósofo – e um filósofo é o contrário de um sofista. E a sua marca e a prova definitive foi ter bebido a cicuta: "La marque, en Socrate, du philosophe, c'est qu'il fut condamné à boire la cigue", afirma Michel Villey, *Réflexions sur la philosophie et le droit. Les Carnets*, textos preparados e indexados por Marie-Anne Frison-Roche e Christophe Jamin, Paris, PUF, 1995, p. 108. Mas não só a condenação conta. Sabe-se que poderia ter fugido, como seus amigos lhe propuseram. Marca maior ainda é ter bebido. Embora tal tenha constituído um sacrifício e não um dever. Há, porém, nos sofistas um aspecto positivo, que contudo exageraram: algum "relativismo" ou "ceticismo", contrários ao dogmatismo. Em termos absolutos, radicais, sistemáticos, o relativismo, assim como o indiferentismo, são talvez piores que o "mal", pois emissários desse "Nada" destruidor de que falava Michael Ende. Porém, um inconformismo com o dogma, um sopro crítico e de exame autónomo são salutares. Anunciando as "Luzes", emancipadoras da menoridade. Cfr., por todos, Tzvetan Todorov, "Un mouvement d'émancipation", *in Les Lumières*, Paris, Le Magazine Littéraire, Nouveaux Regards, t. I, 2013, p. 133 ss.. Mas tudo se quer com conta, peso e medida. E é preciso também, e sempre, exercer crítica sobre a crítica, a qual, nas mãos e nas cabeças de dogmáticos pseudo-

HISTÓRIA GREGA

discurso (ordem não só técnica, mas ética). Este alerta pode ver-se já no diálogo de Platão *Górgias*, cujo tema geral é, precisamente, a Retórica, assumindo Górgias[62] a defesa de uma Retórica sofística.

O Direito, enquanto disciplina autónoma, nasce, assim, curiosamente, como uma espécie de resgate da boa contra a má retórica. Não, como poderia pensar-se, como um triunfo da retórica *tout court*, nem, como poderia estar na mente de outros, mais letrados, como uma luta dos factos contra as palavras, ou da ciência contra a eloquência.

Aristóteles parte das críticas de seu mestre Platão à retórica sofística, claramente presentes no diálogo citado, para propor uma Retórica de outra índole[63]. Desde cedo que a polissemia da expressão e o pluralismo das visões a respeito da Retórica têm enriquecido e confundido o diálogo a seu respeito. Há e sempre houve Retórica e retóricas...

Para a compreensão deste trânsito da sofística grega ao *ius redigere in artem*, eloquentes se revelam os símbolos grego e romano da Justiça e do Direito, aliás acompanhados pelas respetivas palavras.

Ignoremos por comodidade o facto, hoje cada vez mais plausível, de que a venda da Justiça romana pode nunca ter existido[64] (o que prejudica a argumentação em causa[65], mas apenas parcialmente). Assim mesmo, é incontrovertível que uma deusa da justiça como as gregas *Themis* ou *Diké*, sem fiel da balança (sem juiz singular) e apenas isonómica (horizontal), mas armadas de espada, representam uma realidade epistemológico-normativa anterior e menos desenvolvida que a deusa romana *Iustitia*, com fiel da balança (simbolizando o pretor), desinte-

---

-críticos, se torna no pior (ou num dos piores) dos dogmatismos. Cf. o nosso *Desvendar o Direito*, Lisboa, Quid Juris, 2014.

[62] Sobre Górgias e a Retórica, cf., *v.g.*, WILHELM NESTLE, *Vom Mythos zum Logos. Die Selbstentfaltung des griechischen Denkens von Homer bis auf die Sophistik und Sokrates*, p. 306 ss., máx. p. 311 ss..

[63] ARISTÓTELES (ARISTOTE), *Rhétorique*, tr. fr., Paris, Les Belles Lettres, 1960.

[64] Especificamente sobre o problema da venda nas imagens da Justiça, cf. o clássico GUSTAV RADBRUCH, *Introduccion a la filosofia del derecho*, 4ª ed. cast., México, FCE, 1974, máx. p. 141, mais recentemente, *Desvendar o Direito*, Lisboa, Quid Juris, 2014, e bibliografia aí citada.

[65] A primeira argumentação neste sentido, com a comparação entre a Justiça grega e a romana, é de SEBASTIÃO CRUZ, *Ius. Derectum (Directum)..., Relectio*, Coimbra, Edição do Autor, 1971. Embora o autor seja a dado passo bastante prudente.

INICIAÇÃO À METODOLOGIA JURÍDICA

ressando-se, mais intelectual[66], da espada punitiva, e exprimindo-se linguisticamente, mesmo em termos populares pelo que é recto, *de(di)--rectum*, direito, numa visão vertical.

Apesar de se firmarem na Grécia as mais velhas raízes do Direito propriamente dito, estas imagens não podem deixar de exprimir que a realidade helénica pouco acompanharia as reflexões filosóficas que viriam a inspirar os Romanos.

Recordemos apenas que não havia juiz singular, "dono do processo", mas uma assembleia deliberativa de mais de duzentos elementos; não havia advogados, mas as causas eram defendidas pelos próprios interessados, embora pudessem ler textos escritos por logógrafos, mais ou menos sofistas, dependendendo a sorte do processo, em grande medida, do desempenho oratório dos litigantes[67].

Assim, o direito grego pode posar para a História como "ainda não direito", como normatividade ainda sincrética, fase que só o Direito Romano, e a sua deusa mais discreta e mais rigorosamente medidora, viria a superar[68].

---

[66] Interessando-se sobretudo pelo conhecimento. Afirma, com efeito, um MICHEL VILLEY, «Nouvelle Rhetorique et Droit Naturel», in *Critique de la pensée juridique moderne*, Paris, Dalloz, 1976, p. 94: «Je crois que ce point est capital. On ne saisit pas sans cet effort de philosophie que pour les Romains le droit est d'abord object de connaissance, de connaissance 'théórique'. Il est une chose que l'on contemple, qu'on cherche à saisir». Os Romanos considerariam a atividade de executor de menor importância (donde também o desaparecimento da espada). *O iudex* era um *homem-bom*, não precisando de ser jurista. Daí também o brocardo: *De minimis non curat prætor...* Sobre esta perspectiva de certa displicência pela execução, uma referência *in* SEBASTIÃO CRUZ, *Ius. Derectum (Directum)..., Relectio*, p. 30.

[67] Cf., *v.g.*, ALFONSO ORTEGA, *Retorica. El Arte de Hablar en Publico. Historia-Metodo y Tecnicas Oratorias*, Madrid, Ideas Culturales, Instituto Europeo de Retorica, 1989, pp. 22-23.

[68] Parece efetivamente haver uma diferença de conceção profunda entre as normatividades/juridicidades grega e romana. Digamos, a benefício de inventário, que o Direito como ente epistemológico autónomo terá fundido o pragmatismo da normatividade romana arcaica (que o génio romano preservaria) com o caráter mais intelectual da jusfilosofia helénica, que considerava as leis (não os simples "decretos" ou "legislação", *coisas votadas – psephismata*) com uma função educativa e cívica. Há fontes não jurídicas a considerar. Por exemplo, afirma H. D. F. KITTO, *Os Gregos*, p. 156: "Somente quando os legisladores romanos sofreram a influência grega é que começaram a deduzir, das suas leis, princípios gerais de Direito, e a ampliá-los à luz dos princípios filosóficos. Mas os Gregos consideravam as leis colectivas, as *nomoi*, da sua *polis*, como um poder moral e criador".

Capítulo II
Metodologia Romana

Dos Gregos passemos aos Romanos.

Foi em Roma que, sob a inspiração helénica, prática e historicamente, floresceu o Direito como entidade epistémica autónoma.

No plano puramente historiográfico, deve assinalar-se que este surgimento está para alguns associado à positivação em leis (sobretudo na lei das Doze Tábuas[69]) do direito anteriormente oral e por isso tido por

---

[69] Cf. a importância atribuída a esse momento, sem dúvida fundacional também, *v.g. in* PIERRE GRIMAL, *La Civilisation romaine*, Paris, Arthaud, 1984, trad. port. de Isabel St. Aubyn, *A Civilização Romana*, Lisboa, Edições 70, 1988, p. 90, afirmando nomeadamente: "Na prática, o Direito Romano começa, para nós, com a lei das Doze Tábuas"; FRANK RICHARD COWELL, *Cicero and the Roman Republic*, 4ª ed., Harmondsworth, Middlesex, Penguin Books, 1967, trad. port. de Maria Helena Albarran de Carvalho, Cícero e a República Romana, Lisboa, Ulisseia, s/d, p. 250 ss.. Vendo o problema numa moderada perspetiva de luta de classes (ascensão da plebe, que ganha com a positivação escrita do Direito), MARCEL BORDET, *Précis d'Histoire Romaine*, Paris, Armand Colin, 1991, trad. port. de Zaida França e Amílcar Guerra, *Síntese de História Romana*, Porto, Asa, 1995, máx. p. 39 ss.. Não deixa de ser interessante recordar que os Gregos (para não falar noutros povos) obviamente também tinham leis escritas, e nem por isso se atribui sequer aos seus legisladores primordiais e em boa medida mitificados a glória de pais-fundadores do Direito. O que contribui para que pensemos que o pôr por escrito a lei não chega para criar um Direito epistemologicamente autónomo. Cf. v.g. CLAUDE MOSSÉ, *Comment s'élabore un mythe politique: Solon, 'père fondateur' de la démocratie athénienne*, in «Annales. Economies. Sociétés. Civilisations», 34º ano, nº 3, Maio-Junho 1979, p. 425 ss.; Idem, *La Grèce Archaïque D'Homère à Eschyle*, Paris, Seuil, 1984, trad. port. de Emanuel Lourenço Godinho, revisão do Dr. José Ribeiro Ferreira, *A Grécia Arcaica de Homero*

INICIAÇÃO À METODOLOGIA JURÍDICA

incerto, o qual seria pasto das interpretações *pro domo* dos magistrados, segundo a conhecida formulação justificativa de Isidoro de Sevilha:

> "*deinde cum populus seditiosos magistratos ferre non posset, Decemviros legibus scribendis creavit (...)*"[70]

Parece, porém, que a criação autonomizada do Direito vem de antes da positivação normativa. E que tal positivação é apenas um momento para nós mais visível e de amadurecimento. O trabalho de sociologia axiologizada dos primeiros legisladores não é ainda de positivação escrita, mas é importantíssimo. Todavia, para o nosso presente escopo não importa muito discutir a questão.

Com efeito, interessa-nos sobretudo a dimensão conceitual, e até simbólica e mítica, que verdadeiramente cunhou no imaginário ocidental a disciplina do Direito. Recordemos, pois, antes de mais, as bases conceptuais dessa entidade. Tal nos permitirá compreender o lugar da Retórica nesse novo continente do saber, a *scientia iuridica*, a *ars iuridica*. E sublinhe-se desde já que a *scientia* não é a pura "ciência" positivista e cientista, e a *ars* não é aquilo a que chamamos "arte".

Sabemos, segundo uma velha e afortunada fórmula de Ulpianus, que o Direito tem como conteúdo, como princípio, como fim, a Justiça, uma constante e perpétua vontade de atribuir a cada um o que é seu (*constans et perpetua voluntas jus suum cuique tribuendi*[71]).

Na verdade, o Direito deriva da Justiça (*...unde nomen iuris descendat... est autem a Justitia appelatum...*[72]), e a arte jurídica[73], a Jurisprudência,

---

a Ésquilo, Lisboa, Edições 70, 1989, máx. p. 147 ss., especialmente p. 161 ss.; M. I. FINLEY, *The Ancient Greeks*, trad. de Artur Morão, revisão do Dr. José Ribeiro Ferreira, *Os Gregos Antigos*, Lisboa, Edições 70, 1988, p. 35 ss.. Numa perspetiva antropológica, é muito elucidativo o estudo de JACK GOODY, *The logic of writing and the organisation of society*, Cambridge University Press, 1986, trad. port. de Teresa Louro Pérez, *A lógica da escrita e a organização da sociedade*, Lisboa, Edições 70, 1987, máx. p. 149 ss.; para as relações do problema com a argumentação jurídica, p. 162 ss..

[70] ISIDORO DE SEVILHA, *Etimologias*, V, 1, 3.

[71] D. 1, 1, 1, pr. = ULPIANUS, *lib.* 1 *Regularum*.

[72] D. 1, 1, 1, pr. = ULPIANUS, *lib.* 1 *Institutionum*.

[73] Arte jurídica, e não, como aflorámos já e alguns pretendem, ciência (no sentido cientista: porque *latissimo sensu* sem dúvida que o Direito é *scientia*). A essência não científica

do Direito foi classicamente teorizada por J. G. Von Kirchmann, *El Carácter A-Científico de la llamada Ciencia del Derecho*, in *La Ciencia del Derecho*, de Savigny *at alii*, trad. cast., Buenos Aires, Editorial Losada, 1949, p. 249 ss.. Cf., ainda, embora de forma mais prospetiva que concetual e epistemológica, Richard Stith, "Habra Ciencia del Derecho en el siglo XXI ?", *in* AA. VV., *En el umbral del siglo XXI. Nuevos conceptos y institutiones juridicas?*, Valparaiso, Edeval, 1989, p. 69 ss.. Sempre muito útil é rever as páginas de João Baptista Machado, *Do Formalismo Kelseniano e da 'Cientificidade' do Conhecimento Jurídico*, Coimbra, 1963. Em geral, *v.g.*, Gaston Bachelard, *La formation de l'esprit scientifique*, Paris, Vrin, 1938; Idem, *Le nouvel esprit scientifique*, Paris, P.U.F., 1934; Karl Popper, *A lógica da pesquisa científica*, ed. port., São Paulo, Cultrix e ed. Univ. de São Paulo, 1985; Idem, *Conocimiento Objectivo*, trad. cast., Madrid, Tecnos, s/d; Jean Hamburger (coord.), *La philosophie des sciences aujourd'hui*, trad. port. de António Moreira, *A Filosofia das Ciências Hoje*, Lisboa, Fragmentos, 1988; Angele Kremer Marietti, *Le concept de science positive, ses tenants et ses aboutissants dans les stuctures anthropologiques du positivisme*, Paris, Klincksieck, 1983; Helge Kragh, *An Introduction to the Historiography of Science*, Cambridge, Cambridge University Press, 1987; Thomas S. Kuhn, *The Structure of Scientific Revolutions*, Chicago, Chicago University Press, 1962. Em contrapartida, e numa perspetiva aparentemente menos epistemologicamente angustiada, *v.g.*, Jose Lois Esteves, *La investigacion cientifica y su propedeutica en el Derecho*, Facultad de Derecho, Univ. Central de Venezuela, Caracas, I, 1970, II, 1972. Usando o termo científico *latissimo sensu*, Carl Schmitt, *Sobre as três modalidades científicas do pensamento jurídico*, trad. port., *in* "Boletim do Ministério da Justiça", nº 26-27, Lisboa, Set-Nov. de 1951. V. em geral ainda Karl Engish, *Einführung in das juristische Denken*, trad. port., *Introdução ao Pensamento Jurídico*, 5ª ed., Lisboa, Fundação Calouste Gulbenkian, 1979. Finalmente, não deixa de ser refrescante considerar ainda Michel de Pracontal, *L'Imposture Scientifique en dix Leçons*, Paris, La Découverte, 1986. Para não aludir sequer às mais recentes polémicas.

O problema do carácter científico do Direito é, porém, complexo. Até porque, em certa perspetiva, arte e ciência se aproximam. O nosso professor de Desenho Básico, que era pintor, não via qualquer diferença entre uma e outra coisa. E tinha a sua razão. Na verdade, não é Leonardo da Vinci, cuja divisa era *Hostinato rigore*, exemplo desse homem integral, que domina a técnica, faz ciência e é expoente da arte? Cf. Paul Valéry, *Introduction à la Méthode de Léonard de Vinci*, 1894, in *Œuvres*, vol. I, Paris, Gallimard, La Pléiade, 1957, máx. p. 1155; entre nós, Agostinho da Silva, *Vida de Leonardo de Vinci*, Vila Nova de Famalicão, s.e., 1945. E ainda, *v.g.*, Carlos Minguez Perez, *De Ockham a Newton: La Formacion de la Ciencia Moderna*, Madrid, Cincel, 1989, p. 91 ss.. De notar, *v.g.*, a descrição dos díspares interesses de Leonardo *in* E. H Gombrich, *The Story of Art*, 9ª ed., Londres, Phaidon, 1995, trad. fr. de J Combe e C. Lauriol, *Histoire de L'Art*, nova ed. revista e aumentada, Paris, Gallimard, 1997, p. 294.

INICIAÇÃO À METODOLOGIA JURÍDICA

tendo como pressuposto o conhecimento de certas coisas humanas e de certas coisas divinas...(*divinarum atque humanarum rerum notitia*[74]), dedica-se ao bom e ao equitativo (*ars bona et aequi*[75]), procurando o conhecimento do justo e do injusto (*iusti et iniusti scientia*[76]). Donde os juristas possam ser considerados sacerdotes da justiça e cultores de uma filosofia verdadeira (*cujus merito nos sacerdotes apellet* (...) *Veram nisi fallor philosophiam non simulatam affectantes*[77]).

Porém, esta busca do justo, do équo, sendo perseguida por homens falíveis e finitos, parciais mesmo, apenas pode aspirar à probabilidade. O objeto da arte jurídica não é uma verdade absoluta, nem uma verdade formalmente pressuposta ou postulada, axiomática. É, pelo contrário, uma questão aporética[78] e não apodítica.

Trata-se de uma investigação a levar a cabo por forma dialética, procurando-se que a luz nasça da discussão entre as versões adversas, pela intervenção decisória de um juiz, um terceiro, independente das partes e conhecedor dos respetivos argumentos.

Afirma Aristóteles na *Metafísica*, como que alargando este processo a todo o tipo de julgamento, como um bom método para formar um juízo:

> "(...) aquele que ouviu todos os argumentos em conflito, tal como se fossem as partes de uma causa, tem de se encontrar em melhor posição para julgar"[79].

Especificamente relacionando retórica e ciência, além de outras ligações interessantes, a propósito de Francisco Bacon, PAOLO ROSSI, *Francisco Bacon: De la magia a la ciencia*, trad. cast., Madrid, Alianza, 1990, máx. os três últimos capítulos, p. 241 ss..

[74] D. 1, 1, 10, 2. Esta tradução funda-se em SEBASTIÃO CRUZ, *Direito Romano*, I, 3ª ed., Coimbra, Edição do Autor, 1980, p. 281 ss., e nota 346.

[75] D. 1, 1, 1, pr.

[76] D. 1, 1, 10, 2.

[77] D. 1, 1, 1, 1 = ULPIANUS, *lib.* 1 *Institutionum*.

[78] Sobre a aporia, em geral, v. ANTÓNIO BRAZ TEIXEIRA, *Sentido e Valor do Direito. Introdução à Filosofia Jurídica*, 3ª ed., Lisboa, Imprensa Nacional-Casa da Moeda, 2003, pp. 26-27. Seguindo especificamente Aristóteles, cf. THEODOR VIEHWEG, *Topik und Jurisprudenz*, München, C. H. Beck'sche V., 1963, edição castelhana, trad. de Luiz Diez-Picazo Ponce de León, *Tópica y Jurisprudencia*, 1ª reimp., Madrid, Tauros, 1986, p. 53 ss..

[79] ARISTÓTELES, *Metafísica*, III, 1-995 b).

Aristóteles, nos *Tópicos* do *Organum*, dá-nos os exemplos extremos de matérias sobre que a disputa dialética deve ser excluída: questões de excessiva proximidade ou de exagerada distância. Assim, considera:

"Quem proponha a questão de saber, por exemplo, se é preciso ou não louvar os deuses e amar os pais, não pede mais que uma boa correcção, e quem pergunta se a neve é branca ou não, só tem que abrir os olhos. A controvérsia nunca se deve criar nem acerca de assuntos cuja demonstração é próxima, nem acerca de assuntos cuja demonstração é longínqua. No primeiro caso, não há qualquer dificuldade e, no segundo, as aporias são muito grandes para um simples exercício disputativo"[80].

O método dialético fica, assim, especialmente vocacionado para essas questões humanas, por vezes demasiadamente humanas, que têm nas disputas forenses precisamente o seu grande exemplo, o seu paradigma.

O método (*meta* – *odos*, caminho para) do Direito, caminho para a realização da Justiça (ainda que caminho imperfeito e semeado de escolhos), não pode deixar de ser fundamentalmente o dialético.

Há, nesta metodologia, importantes interseções interdisciplinares ou afins. Por exemplo, uma das questões relevantes é o problema de reconstituir a verdade histórica – até para efeitos probatórios. E a História clama, também, pelos seus documentos, pelas suas provas[81]. Assim como a Ciência, que frequentemente julgada nefelibática ao longo dos tempos (veja-se o *cliché* do cientista distraído, do "cientista louco" – embora em contraste com o mito moderno da deusa-ciência – e ainda

---

[80] ARISTÓTELES, *Organon*, V. *Tópicos*, I, 11-105 a) – (trad. port. e notas de Pinharanda Gomes, Lisboa, Guimarães, 1987, p. 30).

[81] Numa interseção destes problemas, cf. PAULO BUTTI DE LIMA, *L'Inquiesta e la Prova. Immagine storiografica, pratica giuridica e retorica nella Grecia classica*, Turim, Einaudi, 1996. Em geral, alguns elementos e bibliografia *in* PAULO FERREIRA DA CUNHA, "Da História, da História do Direito e do seu Estudo", in *História do Direito*, cit., pp. 13 ss.. V. ainda, por todos, JACQUES LE GOFF, *Memória*, in *Enciclopédia* (Einaudi), Lisboa, Imprensa Nacional--Casa da Moeda, vol. I. *Memória-História*, 1984, p. 11 ss.. Não esqueçamos também que a memória é uma das paixões do jurista: cf., especialmente, ALDO MAZZACANE, *El Jurista y la Memoria*, *in* CARLOS PETIT (ed.), *Pasiones del jurista: amor, memoria, melancolía, imaginación*, Madrid, Centro de Estudios Constitucionales, 1997, p. 75 ss..

o cientista-"bárbaro"[82]), reclama poder "provar" a veracidade do que diz[83]. E o julgamento da "verdade" dos dados da ciência ainda tem reminiscências do julgamento judicial. Mas enquanto a ciência pura e dura, natural, ou lógica, como a biologia, a física e a matemática, pode, pelo menos em princípio, re-encenar como que fora do tempo os factos, já as ciências sociais e humanas, e desde logo a História e o Direito (em quanto tenha de *episteme* desta área[84]) se vêem forçados a uma prova em grande medida retórica: o passado passa a ser uma estória, um texto, a que se dá o valor de História e de verdade ao menos formalmente jurídica. Esta incapacidade de reverter o tempo é um limite fundamental à indagação heurística do Direito e das Ciências Sociais e Humanas, e determina-lhes o carácter e a profunda dependências discursivas.

Vejamos, assim, quais as principais funções dos juristas. E de novo em Roma. Que faz o jurista? Tudo pode resumir-se em três verbos, densos de significado:

Cavere – Agere – Respondere[85].

A primeira função, o *Cavere*, é a da profilaxia. Ela incumbe sobretudo hoje ao notário, ao conservador de registo, ao jurista-conselheiro, ao jurista de empresa que aconselha. É de conselho, precisamente, que se trata. Aqui a dialética exerce-se surdamente, sobretudo antecipando argumentos e posições contrárias, e recordando casos em que a controvérsia tenha surgido. Digamos que a dialética se exerce na memória. A retórica só tem lugar no convencimento do cliente, normalmente o convencimento para que não descure a questão, cumpra as formalida-

---

[82] José ORTEGA Y GASSETT, *La Rebelión de las Masas*, 25ª ed., Madrid, Espasa-Calpe, 1986, p. 138 ss.. Cf., comentando, ANTÓNIO MANUEL BAPTISTA, *A Ciência no Grande Teatro do Mundo*, Lisboa, Gradiva, 1998, p. 143 ss..

[83] V., em geral, ALEXANDRE KOYRE, *Etudes d'histoire de la pensée scientifique*, Paris, Gallimard, 1963.

[84] Cf., *v.g.*, ALESSANDRO GUZMÁN BRITO, *El Derecho, ciencia humanistica o social ? Y otros problemas*, in RDUCV, XII, 1988, p. 11 ss.; VIKTOR KNAPP, *La Ciencia Jurídica*, in Mikel DUFRENNE / Viktor KNAPP, *Corrientes de la investigación en las ciencias sociales, 3. Arte y Estética. Derecho*, trad. cast., Madrid, Tecnos/Unesco, 1982, p. 459 ss.; LUIS NÚÑEZ LADEVèzE, *Lenguaje jurídico y ciencia social*, Madrid, Akal, 1977.

[85] Cf., sinteticamente, SEBASTIÃO CRUZ, *Direito Romano*, I, pp. 291-292.

des, ou siga um certo caminho de defesa ou ataque...ou uma linha de rumo na fisiologia normal da sua vida jurídica.

O *Cavere* liga-se antes de mais à virtude da *Prudentia*[86].

A segunda função, o *Agere*, é a mais claramente retórica. É no atuar no foro que está a parte mais nobre do argumentar para persuadir. Trata-se da função por excelência do advogado. Ela pode ser mesmo alargada a toda a assistência à parte representada no processo.

A terceira função, o *Respondere*, começa por ser constituída pelas *responsa*, as respostas, que são quer as sentenças proferidas pelos juízes (*prætores*, no caso romano), quer os pareceres emitidos pelos jurisprudentes, a pedido quer de particulares quer de magistrados. No *respondere* se testa na prática, se afirma, burila e consagra a *Scientia Iuridica*.

O *respondere* não exclui, de modo nenhum, a dialética e a própria retórica. Sobretudo quando, como nos primeiros tempos, o saber jurídico assume uma dimensão problemática, e não dogmática. Mas o seu estilo será sempre, aparentemente ao menos, inferior em retórica ao *agere*. Não podemos, porém, esquecer-nos do alto valor persuasivo do subtil argumento de autoridade ínsito na própria metodologia expositiva dogmática, que tem sido apanágio da doutrina não tópica.

Não podemos esquecer que esta tríade de funções jurídicas se insere no universo jurídico-cultural romano, em que avulta em todo o Direito a função da jurisprudência, não enquanto atividade jurisdicional simples, mas como doutrina, doutrina provida de uma intrínseca autoridade, derivada da competência e sabedoria dos seus autores, os *iuris consulti*, os jurisconsultos. Esta *iurisprudentia* foi, nas suas diferentes fases, a grande, ousaríamos dizer a mais importante fonte de Direito.

---

[86] Evidentemente que o *Caveant consules*, certamente aplicável durante as agitações do tribunado de Tibério e Caio Graco, ou, no consulado de Cícero, aquando da conjuração de Catilina, passaria a ser proferido muitas vezes por motivo de bagatelas, ou com o intuito de exaltar os ânimos e encontrar bodes expiatórios. Não é, evidentemente, este uso político que está aqui em causa. Sobre os Gracos, cf. o clássico PLUTARCO, *Tibério Graco, Caio Graco e Caio e Tibério Graco e Agis e Cleomenes comparados*, in *Vidas de Ilustres Gregos e Romanos* ou *Vidas Paralelas*. Sobre este tópico, cf. MARIA LUÍSA MALATO/PAULO FERREIRA DA CUNHA, *Manual de Retórica e Direito*, Lisboa, *Quid Juris*, 2007, p. 282.

Ora a *iurisprudentia*, assim, acaba por identificar-se (melhor: desde os primórdios se identificou) com a própria Arte do Direito. A que hoje ainda chamamos, e com maiúscula, Jurisprudência[87].

Não é assim de estranhar que, como afirma Pomponius:

> *Ius civile in sola prudentium interpretatione consistit*[88]

Ou, mais precisamente ainda:

> *"sine scripto in sole interpretatione prudentium consistit"*[89]

Cavere, aconselhar com base em textos, numa *interpretatio*. *Agere*, pleitear, com base em textos e produzindo textos. *Respondere*, julgar e com especial autoridade dizer o direito – novamente interpretar.

O método do Direito encontra-se, assim, irrefragavelmente ligado aos textos. Por isso a metodologia jurídica é, por um lado, uma Hermenêutica, e, por outro, uma Retórica. Finalmente, uma Legística ou uma Nomologia para criar normas, e uma Sinalagmatologia, para redigir contratos. O jurista lê textos e cria textos. Em todos os caos, interpreta.

Poderíamos ser tentados a afirmar a prevalência de uma das faces desse Jano interpretativo sobre a outra. Como o fez, designadamente, Michel Villey, numa conferência que pronunciou no Centro de Lógica Jurídica da Universidade de Bruxelas, sede da escola da *Nova Retórica*, de Chaim Perelman:

> "Et je partage absolument votre conviction que le cœur de la méthode du droit – de la logique du droit au sens large – est un art de la controverse – (...) ou d'une 'Nouvelle Rhétorique'(...).»[90]

---

[87] Cf., por todos, MIGUEL REALE, *Lições Preliminares de Direito*, 25ª ed., São Paulo, Saraiva, 2000, p. 16, n. 2.

[88] D. 1, 2, 2, 12. Lembra, a propósito, SEBASTIÃO CRUZ, *Direito Romano*, I, p. 292: "A princípio, toda a actividade da *iurisprudentia* se concretizava na *interpretatio*; identificava-se com ela. E a *iurisprudentia*, de início, foi praticamente a única fonte de direito".

[89] D. 1, 2, 2, *apud* MICHEL VILLEY, *Le Droit Romain*, p. 44.

[90] MICHEL VILLEY, «Nouvelle rhétorique et droit naturel», in *Critique de la pensée juridique moderne*, Paris, Dalloz, 1976, p. 85.

Villey coloca um ponto de interrogação ambíguo no final desta frase, e prefere a designação de "dialética" à de retórica. Mas não importa; em todo o caso, julgamos que exagera. Até porque há uma subtil *démarche* retórica na Hermenêutica, e não pode deixar de haver uma base Hermenêutica na ação retórica.

Todavia, esta ideia de redução da metodologia à sua expressão mais simples e mais verdadeira é fecunda. E poderíamos dizer que a Metodologia do Direito é sobretudo um trabalho de *Interpretatio*. Na própria feitura das normas, interpreta-se o real[91] e criam-se textos que são também seus instrumentos de interpretação. No pleitear, de novo se interpreta, como vimos. E também no julgar.

E ao fazer leis, com base nelas ir a juízo, ou sentenciar, em todos os casos, há uma retórica ao menos latente. Todo o preâmbulo legislativo, toda a peroração forense, toda a motivação da sentença pretende convencer um auditório. Mesmo a fundamentação do ato administrativo tem essa função.

A retórica manifesta-se, assim, na necessidade de persuação (no caso mais imediatamente forense), ou de legitimação, no domínio normo-genético ou jurisprudencial. Mas está sempre presente.

Não custará por isso afirmar que a Metodologia do Direito é sobretudo uma Hermenêutica, ou uma Retórica[92]. Para evitar anfibologias, diríamos que é ambas as coisas. Ou a mesma coisa, que sob essas duas capas se manifesta. A expressão *Interpretatio* parece, pelo menos em certo sentido, ser capaz de fundir os dois vetores, as duas racionalidades, as duas preocupações.

---

[91] O jurista tem, antes de mais, que observar e compreender o real, e desde logo a *natureza*. "La jurisprudence est d'abord description du monde existant", afirma MICHEL VILLEY, *Le Droit Romain*, p. 43. E por isso é que nunca poderá ser um completo jurista aquele que, tendo decorado manuais, tratados, sebentas, leis, acórdãos e demais fontes (*lato sensu*), desconheça a prática do foro e, mais ainda, a vida real das pessoas, o mundo "lá fora". Ou que dele tenha (quiçá por causa dos seus estudos ou situação social ou profissional, ou preconceito ideológico) uma visão alienada...

[92] Tendo ainda, como dissemos, estatuto metodológico outras dimensões do jurídico como a Sinalagmatologia (arte e técnica dos negócios jurídicos, e especialmente dos contratos) e a Nomologia (arte e técnica da legislação), por exemplo.

PARTE III

DA HERMENÊUTICA JURÍDICA: FUNDAMENTOS, DESAFIOS E FASCÍNIOS

> *"Podemos deste modo mencionar a hermenêutica como uma espécie de 'desconfiança' em relação aos tons muito afirmativos ou muito analíticos; mas não em relação às possibilidades de penetrar no real através da compreensão"*
>
> NELSON SALDANHA, *Filosofia, Povos, Ruínas. Páginas para uma Filosofia da História*, Rio de Janeiro, Calibán, 2002, p. 57

SUMÁRIO: I. *Introdução epistemológica*. II. *Fascínios*. III. *Desafios*. IV. *Fundamentos*. V. *Novos fascínios, novos desafios: reforma legislativa ou reforma de mentalidades?*

Capítulo I
Introdução Epistemológica

Quando contemplo a que hoje é frondosa floresta e não simples árvore da ciência, a Epistemologia, entendida como conjunto dos pensares e dos discursos sobre o pensar (mais ou menos racional), nunca deixa de me vir à lembrança aquele inspirado princípio do Evangelho de João[93], que parece ter servido de mote às *Moradas* de Teresa de Ávila:

"Na casa de meu Pai há muitas moradas"[94].

Ora nessa maranha de ramos do saber, floresta, sim, e não raro floresta de enganos, do mundo da ciência, não apenas as disciplinas se fizeram multidão, como se emaranham umas nas outras, disputam objetos, partilham métodos, discutem escopos, e fazem mesmo marchar legiões de devotos uns contra os outros, em fratricidas guerras fronteiriças ou em gigantomaquias em que se jogam decisivas honras...e palmos de território não menos decisivos. Ou quiçá, à luz do que mais deverá interessar sumamente vãos.

Um dos procedimentos epistémicos mais comuns, mais consabidos, é o da especialização, que corresponde, classicamente, ao nascer de novos ramos a partir de um tronco ou já de um ramo outrora comum. A uma tal génese corresponde, naturalmente, uma vontade de diferenciação face ao anteriormente ainda uno, sincrético ou amalgamado, e

---

[93] Jo. XIV, 2.
[94] Santa Teresa de Ávila, *Moradas do Castelo Interior*, trad., introd. e notas de Manuel de Lucena, Lisboa Assírio & Alvim, 1998, p. 32 (I, 1).

INICIAÇÃO À METODOLOGIA JURÍDICA

tal desejo de afirmação analítica é, antes de mais, um grito do Ipiranga que se afirma por uma nova designação. Novas áreas científicas escolhem novas designações. E entre os olvidados latim e grego, ou com neologismos anglo-saxónicos de permeio, lá se vão cunhando mais vocábulos que marcam as extremas de territórios do saber que se querem independentes.

Ora o que se passa com a hermenêutica jurídica é um caso singular. Sempre existiu a coisa, mas nem sempre a expressão para a designar foi esta. Há profundas confusões territoriais sobre os domínios que ocupa, sobretudo em relação com outras entidades epistémicas no mesmo registo jurídico. Tudo isso seria comum. O que é mais curioso e singulariza esta disciplina será, porém, o facto de entretecer com as demais disciplinas hermenêuticas relações profundamente ambíguas.

A hermenêutica jurídica pode ser um pretexto para se não falar sobre Direito, glosando *ad libitum* e *ad nauseam* os motes da hermenêutica literária ou filosófica, num discurso que não logra ultrapassar a barreira epistémica do não normativo para o normativo. Neste caso, além normalmente de se tratar de uma grande perda de tempo, está-se perante um claro caso de redescrição epistemológica (Thomas Gil) falhada: na melhor das hipóteses, jogo de erudição ou virtuosismo de violino que não pode deixar de ser de Ingres.

A hermenêutica jurídica pode também, e no pólo oposto, ser um mero nome moderno colado à velha, caduca, decrépita recitação ritual dos esquemas interpretativos *à la* Savigny[95], que se copiam de manual e manual e recitam de cátedra em cátedra, sem levantar os olhos em volta e ver que, *em torno do castelo da princesa da fábula... tudo mudou.*

Perante estas duas visões a nosso ver imprestáveis da hermenêutica jurídica, mais do que abstratamente reivindicar um magnífico e magnânimo estatuto epistemológico para a mesma (intento vão, com

---

[95] Embora "superado", o contributo de SAVIGNY, especialmente no *System des heutigen Römische Rechts* (1840), foi, no seu tempo, essencial. E ainda nos ilumina sobre algumas questões. Cf., começando por recordar Savigny, entre nós, JOSÉ DE SOUSA BRITO, *Hermenêutica e Direito*, Separata do vol. LXII (1986) do "Boletim da Faculdade de Direito", Universidade de Coimbra, Coimbra, 1990. Cf. as nossas sínteses e aportações hermenêuticas in PAULO FERREIRA DA CUNHA, *Direito Constitucional Geral*, 2ª ed., Lisboa, *Quid Juris*, p. 335 ss..

INTRODUÇÃO EPISTEMOLÓGICA

resultados apenas virtuais), importa-nos saber para que serve e como deve servir ela ao Direito. Não nos interessa nada uma linda ciência que de nada sirva. Mesmo o jogo dos avelórios da utopia pedagógica de Herman Hesse[96] parecia ter uma finalidade...

Um Pereira Menaut sabiamente coloca o dedo na ferida da nossa produção científica universitária hodierna, como já aliás o fizera Jean Lauand.

Pois bem: como fundamentos dos fundamentos da hermenêutica jurídica encontramos a sua finalidade para o Direito. E tal é uma finalidade constitutiva, antes de mais. O Direito é arte e quiçá também ciência da interpretação. Não, obviamente, uma interpretação qualquer. Mas uma interpretação finalista: impregnado da *constans et perpetua voluntas suum cuique tribuere*. A interpretação não pode ser nunca uma técnica ao serviço da maldade, da perfídia, da compressão de direitos, do prejuízo do cidadão, do contribuinte, do trabalhador, do pensionista, do consumidor, da Pessoa. Infelizmente, há quem se deleite em interpretações desse tipo. E no casulo da sua vida normalmente confortável, acolchoada e protegida, ache tudo isso muito bem. Certamente nunca, como hoje, a situação social e o fanatismo ideológico tiveram tanta força na cabeça dos opinadores, e dos decisores... o que é um fator potenciador de profunda injustiça.

A vantagem de uma verdadeira hermenêutica jurídica, por contraposição a uma interpretação ingénua, puramente literal (dessas do falso *in claris non fit interpretatio...*), e mesmo face a uma tabela de métodos e fins da interpretação como no clássico positivismo jurídico, é que uma autêntica hermenêutica jurídica é arte e ciência e assim se afasta quer do nível primário do senso (e sentido) comum da primeira hipótese, e se destaca também do nível sobretudo tecnicista da segunda hipótese.

Com estas palavras começámos já por delimitar as nossas águas conceituais: não será hermenêutica jurídica a teorização autofágica sobre generalidades linguísticas, comunicacionais, semióticas, literárias, analíticas, etc., grudadas de forma postiça a questões de Direito, assim como não o será também toda a leitura, profana, ingénua, pedestre, ou a simples aplicação mecânica de uma tabela de técnicas interpretativas.

---

[96] HERMANN HESSE, *Das Glasperlenspiel. Versuch einer Lebensbeschreibung des Magister Ludi Josef Knecht*, Zürich, Fretz und Wasmuyh, 2 vols., 1943.

Que terreno fica para a Hermenêutica jurídica?

Vasto e espaçoso, todo o do trabalho de, obviamente lendo e desvendando sentidos para as normas, mas também sentidos dos factos (pois não há factos puros, evidentes, óbvios por si... tão fanéricos que prescindam de leitura), construir, na dialética de factos, normas, valores e textos, os sentidos concretos que permitam a realização da Justiça, em cada caso. *Realização da Justiça* – não de outra coisa qualquer, como a sacralidade textual, o culto do Estado, da Ordem, ou do poder do aplicador.

Hermenêutica jurídica, em sentido lato, confunde-se, assim, em grande medida (embora não completamente, como sabemos...) com Metodologia jurídica: o *meta – odos*, o *caminho para* a realização prática do Direito, infelizmente por vezes confundido com a história das teorias e correntes do pensamento metodológico.

E por falar no primado da prática, sempre teremos de dizer, sem dúvida com escândalo para alguns teóricos, mas em fidelidade ao amor da verdade, que mais útil é ao jurista prático e ao aprendiz de jurista *a fortiori*, a lista velha e gasta do célebre jurista alemão, que umas teorias sobre as correntes que ao longo dos tempos têm disputado sobre o interpretar ou o fazer o Direito, e que umas glosas e comentários a propósito das hermenêuticas mais "puras", que se embrenhem por altas filosofias mas que se revelem incapazes de indicar concretamente caminhos a seguir: métodos, de novo.

Assim, diríamos que partindo dos fundamentos da hermenêutica jurídica, que têm de radicar na individualidade do seu modo de ser e da sua função eminentemente normativa e prática, se lhe colocam todavia desafios de tomo, os quais deverá aceitar com galhardia, ao mesmo tempo que se deve guardar dos cantos de sereia de alguns fascínios, normalmente descaraterizadores.

Dividiremos este estudo, basicamente, e seguindo o título, em *fascínios, desafios* e *fundamentos*. Invertemos a ordem, para podermos caminhar do negativo para o positivo, da ignorância para algum conhecimento.

Capítulo II
Fascínios Hermenêuticos

Os maiores fascínios a que a Hermenêutica jurídica pode sucumbir, como encantamento, por um lado, e como alucinação, por outro, é ceder à especiosidade de alguma Hermenêutica geral, ao *crypticismo* por vezes esotérico de alguma hermenêutica bíblica, e à sedução da hermenêutica literária.

Todas essas áreas lhe colocam desafios (embora de desafios curemos a seguir), mas sobretudo lhe produzem uma admiração pasmada, que pode transformar-se ou em quietismo contemplativo, ou num ativismo de importação pura e simples, em que o jurista deixa de servir *Témis* e *Dikê*, deusas da Justiça, para sacrificar apenas nos altares de Hermes.

O grande risco destes fascínios é a contemplação acrítica, que conduz não raro ao epigonismo. Não é normal que um jurista de formação se torne num grande hermeneuta filosófico, teológico ou das ciências literárias. Não digo que seja impossível, mas não é normal. E se o for, terá já mudado de cabeça ou ao menos de rosto, adquirido uma nova *Persona*, enfim, uma nova personalidade.

Em regra, o jurista beberica nessas águas castálicas para dessedentar a sua curiosidade e a sua necessidade de suplemento de alma e de engenho para a arte de atribuir a cada um o que é seu – porque essa é a sua função, e em função desse objetivo todos os seus estudos profissionais devem girar. Não aspira a absorver a essência de tais águas, ou sequer a banhar-se nelas completa e longamente.

Por isso, alguns, menos conformados, menos apressados, e mais exigentes, mais tenazes, mais preocupados, mais ousados, se embre-

INICIAÇÃO À METODOLOGIA JURÍDICA

nham por estas paragens das Hermenêuticas não jurídicas não muni-
dos do escudo do *Isolierung*[97] do Direito, e da espada do *inutia truncat*.
Inutilia na perspetiva jurídica apenas, entenda-se. E tendo partido de
coração aberto e de mente cheia de sonhos, sucumbem ao fascínio:
partem da decaída cidade do Direito não pensado, da interpretação
pedestre, do positivismo literalista e legalista em demanda do Graal
que lhes devolveria o *Sentido*. Mas ao contrário do cavaleiro andante de
Antero[98], que no palácio encantado da ventura apenas colheria *silêncio,
escuridão, e nada mais*, estes, ainda na orla da floresta da Hermenêutica,
muito antes de entrar nas suas muralhas, já encontraram tais fadas, tais
duendes, tais gigantes, e também tais dragões, que irremediavelmente
aí se perdem. E quer sucumbam aos perigos, quer se extasiem com
os prémios fabulosos das suas proezas, a verdade é que não voltam ao
Direito. E o Direito perde-os. Porque, mesmo quando regressem, não só
o veem com a natural sobranceria ou o compreensível desprendimento
de quem, como, *mutatis mutandis*, o Aquinate, achará todos os códigos
como palha, ante as visões que lhes foi dado contemplar[99]; como também, e quiçá principalmente, se acaso voltam às coisas jurídicas, como
que para se protegerem e nos protegerem de uma luz mais forte (a nós,
que permanecemos na caverna), rotineiramente retomam os caminhos
antigos. Quanto muito, dando-nos uma fresta de luz. Tal como esses
professores que, decerto para serem compreendidos e poderem formar
juristas que ganhem causas, eram apenas jusnaturalistas até às férias do
Natal, passando logo após o *Reveillon* a ensinar o puro e duro arsenal
positivista legalista.

---

[97] Cf., por todos, F. SCHULZ, *Prinzipien des römischen Rechts*, Berlim, 1954, *apud* YAN THO-
MAS, *Mommsen et l"Isolierung' du Droit (Rome, Allemagne et l'État)*, Paris, diff. Boccard,
1984, p. 1 n. *.

[98] ANTERO DE QUENTAL, "O Palácio da Ventura", in *Sonetos*, ed. org. e pref. por António
Sérgio, 7ª ed., Lisboa Sá da Costa, 1984, pp. 80-81.

[99] Cf., por todos e por último, e rementendo diversas fontes coevas, JEAN-PIERRE TOR-
REL, OP, *Initiation à Saint Thomas d'Aquin. As personne et son œuvre*, Editions Universitaires
Fribourg, Suisse/ Paris, Cerf, 1993, trad. port. de Luiz Paulo Rouanet, *Iniciação a Santo
Tomás de Aquino. Sua pessoa e obra*, São Paulo, Edições Loyola, 1999, p. 339.

Encurtemos razões: o fascínio da Hermenêutica jurídica é a história do jurista que vai descobrir a pedra filosofal e descobre o elixir da longa vida, mas de uma vida, no limite, não jurídica.

O fascínio torna-se assim uma tentação, e uma perdição para o mundo do Direito: não, certamente, para o mundo pessoal, muito enriquecido, de quem empreenda tal demanda.

Parece ser, assim, um caminho sem retorno, ainda que possa haver regressos físicos, com uma alma ausente.

Capítulo III
Desafios Hermenêuticos

Passemos já aos desafios. É inegável que os fascínios (sobretudo o fascínio da dedicação a Hermes) são desafios.

Mas o principal desafio, repto, mas também pro-vocação, ou seja, chamamento, e chamamento interior para que alguém se torne no que é (que pode ou não comportar voz interior ou toque divino numa qualquer estrada de Damasco), o principal desafio é o que deriva da própria tentação legalista. Os desafios saem-nos ao caminho nas esquinas da nossa tranquilidade linear: e ao legalista plácido ocorre um dia que a lei é algo que se lê... E ler tem de ser interpretar... E interpretar...

O desafio coloca-se a todos os juristas que se não conformam com o serem simples burocratas da coação, verbo de aluguer, consciência elástica. E aí têm de compreender-se como depositários de uma *auctoritas* especial: a de grandes mediadores e tradutores sociais, a quem está confiada uma interpretação efetivamente diferente da teológica, da filosófica, da literária.

A congregação destes sacerdotes da Justiça não está votada à vigilância dos sentidos possíveis ou permitidos de uma palavra inspirada pelo Espírito Santo: tem a seu cargo uma palavra falível, temporal, histórica, e que ganha tanto mais em efetividade quanto possa ser permeável a novos e justos sentidos.

Esta casta que, segundo o Digesto, também pratica a verdadeira filosofia, e não um seu simulacro verbalista, não visa a verdade racionalmente construída, nem uma opinião alçada a verdade pela *auctoritas* autoral: preocupa-se com a verdade material dos casos, que, nestas

INICIAÇÃO À METODOLOGIA JURÍDICA

coisas humanas e opináveis, muitas vezes tem de conformar-se com ser uma verdade de convicção de um terceiro independente, o juiz, depois da argumentação contraditória das partes.

Finalmente, os leitores juristas não lêem com intenção estética ou de testemunho social, psicológico ou ideológico, mas fazem-no para descobrir a norma por debaixo do texto: o seu intuito é normativo.

É preciso compreender que os juristas, neste tempo de avassalador poder da política, da economia, da técnica, têm profundos problemas de identidade e de auto-estima. Deitados na *chaise-longue* do consultório psiquiátrico das ciências, os juristas recordaram uma infância feliz, em que dotaram o mundo de ordem, e até de sentido: tendo ensinado mesmo à geometria e à álgebra, pretensas ciências puras[100]. Mas profundos traumas viriam a sofrer na adolescência medieval, de paixões políticas e aventuras morais dilacerantes, para cristalizarem numa idade adulta reprimida, refreada, em que a paixão da Justiça daria lugar a um casamento de conveniência com o poder. Se o paliativo do legalismo conseguiu iludir de cientismo e com cientismo a pretensa Ciência Jurídica, a crise da ciência, da razão, da modernidade, da civilização, e a perda da centralidade social dos juristas (que escudando-se no *dura lex sed lex*, deixam de poder ser protagonistas para passarem a serventuários) recolocou na ordem do dia a necessidade de os homens do Direito se perguntarem: quem são, de onde vêm e para onde vão. Ora depois da solução rigidificadora do legalismo, as propostas descaraterizadoras dos historicismos jurídicos, dos sociologismos jurídicos, dos economicismos jurídicos (primeiro coletivistas, depois ultra-capitalistas ou anarco-capitalistas, ditos neo-liberais), provaram não mais ser que novos fascínios sem solução para a crise de identidade do Direito.

Um Direito ao serviço da escatologia materialista histórico-dialética, dissolvido nas forças sociais envolventes e comandado pelos *maîtres à penser* de certa sociologia, relegado para a teoria dos jogos matemática ou para a estatística da *public choice*, não é arte boa e équa, e os juristas não são sacerdotes da Justiça. Um Direito assim tornar-se-ia num híbrido infecundo.

---

[100] Cf., por todos, sobre a influência do Direito nas Ciências, MICHEL SERRES, *Le contrat naturel*, François Bourin, Paris, 1990.

Por isso, o desafio da Hermenêutica, ao contrário dos fascínios descaraterizadores que o apoucariam à condição de anexo de outra disciplina, a qual o transformaria em títere da sua *longa manus,* por isso o desafio da Hermenêutica parece mais consentâneo com o seu modo de ser próprio. É, aliás, um reencontro do Direito consigo mesmo.

Paradoxal mas significativa situação, como aflorámos já: mas afinal princípio da vacina. É precisamente ao vírus definhador da *textificação* (coisificação textualizadora) do positivismo legalista que se pôde e pode ir buscar a vacina para a letargia jurídica: porque o Direito é, além de disciplina humanística, e enquanto tal, disciplina radicalmente hermenêutica, tendo nos textos e na interpretação em geral dos signos boa parte da sua metodologia.

Ao contrário das outras propostas, que procuravam afinal um Direito executor e ancilar, aqui a Hermenêutica é consubstancial ao Direito, dele faz parte incindivelmente. Não há Direito sem desvendamento de sinais.

O grande desafio é, afinal, como grande parte dos grandes desafios, o reencontro do Direito consigo mesmo. Obviamente que o Direito não se esgota num descobrir sentidos. Nem sequer se pode identificar com a atitude, aparentemente passiva, de receber sentidos. Porque lhe incumbe, outrossim, construir sentidos. Essa a síntese que tardava e se começa a compreender (mas a ensinar ainda pouco nas Escolas e Faculdades de Direito): que a função normativa do Direito e a sua tarefa hermenêutica nem sequer correm de par, mas se fundem.

Todavia essa questão pertence já à última parte da nossa exposição, a que sacrilegamente ousámos chamar Fundamentos. *Fundamentos de toda a Hermenêutica Jurídica futura...* Mas, como se vê pela intertextualidade que acabámos de evocar, mais do que fundamentos são, e mesmo assim já atrevidamente, simples prolegómenos.

Capítulo IV
Fundamentos Jurídico-Hermenêuticos

1. Fundamento teleológico: Para que serve a Hermenêutica Jurídica? Para descobrir soluções justas

O fundamento dos fundamentos tem de ser sempre posto, e filosófico. E é de índole teleológica. E tal fundamento é, evidentemente, o seguinte: O Direito, e a Hermenêutica Jurídica que constitui uma das suas facetas e funções principais, serve(m) para fazer Justiça.

Portanto, toda a atividade jurídico-hermenêutica não visa descobrir pólvoras científicas ou metafísicas, nem encantar-se com *trouvailles* estéticas, nem corroborar teses mais ou menos militantes das ideologias, das utopias, ou até de certas versões das ciências sociais. O Direito atua para que se faça Justiça. E Justiça é, primariamente e em termos simples, embora problemáticos em si, *dar o seu a seu dono*.

2. Fundamento estrutural: «par le code, mais au-delà le code...»

Nessa tarefa, o Direito tem de interpretar e tem de construir sentidos. Interpretar antes de mais o real, os factos. E essa tarefa não é menor. E também interpretar signos, especialmente textos.

Mas toda a interpretação visa fins, tem bússolas: a interpretação dos factos, deve nortear-se por um critério de verdade – de reta e cabal adequação do intelecto (da inteleção, da representação) à coisa, ao fenómeno; a interpretação dos textos visa não tanto o sentido estrito da norma, como o sentido da norma que a norma visa já interpretar. E esse é só um primeiro passo...

Expliquemo-nos melhor. A norma jurídica escrita é já fruto de uma interpretação. As teorias positivistas mais literalistas – de Justiniano a Napoleão – proibiam a interpretação, temendo (num aspeto compreensivelmente, noutro nesciamente) que ela se desviasse do sentido desejado, da *mens legislatoris*. Daí o *in claris...* Um positivismo mais mitigado permitia ainda que se analisasse a lei, mas para lhe descobrir um sentido intrínseco, a *mens legis*. Já não o que o legislador desejou, mas o que a própria lei, em si, prescreveria.

Porém, é uma vã ilusão pensar-se que a lei tem um sentido próprio. De algum modo mais realistas eram os subjetivistas que apelavam para a vontade do legislador: porque essa, realmente, pelo menos no caso de legislador singular (com assembleias é mais difusa), existiu um dia. As palavras estão sujeitas a constantes derrapagens semânticas, e a movimentação permanente da sociedade transmite aos textos sentidos insuspeitados, até simplesmente por razões contextuais.

O que sucede é que a norma é já interpretação. E interpretação em vários sentidos.

Por um lado, a norma interpreta a realidade. Decidir legislar corresponde sempre a uma intervenção no real, mais ou menos conformando o mesmo real, que implica interpretação da realidade.

Diz o mito que os velhos juristas romanos legislaram de forma sócio--axiológica, quer dizer, foram sociologicamente investigar das regularidades sociais positivas e consagraram as mais razoáveis, segundo parâmetros não de excelência ou de excessivo rigor, mas de bom senso e mediania reta: a boa fé, a diligência de um bom pai de família, os bons costumes, etc[101]. Evidentemente, os romanos não viviam nas sociedades plurais em que vivemos, onde é muito mais complexo atingir consensos, mesmo mínimos.

Tinham, no seu contexto, os Romanos plena consciência de como se faziam as leis e qual o seu significado e alcance.

---

[101] Cf., por todos, os nossos *Princípios de Direito. Introdução à Filosofia e à Metodologia Jurídicas*, Porto, Rés, s.d. [1993], máx. p. 393 ss.; e o capítulo preliminar de *Sociedade e Direito. Quadros Institucionais*, Porto, Rés, s.d. [1990].

Porque, ao contrário de nós, que muitas vezes nos conformamos em acreditar que somos livres apenas por obedecermos às leis, eles tinham bem viva a perceção do processo de formação das leis, que não era o do voluntarismo legiferador, mas da transposição da realidade para a norma. Assim, ao contrário de nós, que acreditamos na lei como num *fiat*, que a cremos taumatúrgica, eles viam nela o que ela é, ou deveria ser: a estilização verbal de situações justas escolhidas para serem a normalidade desejada. Porém, no nosso tempo, como pensar de forma diversa daquela que pensamos? Como pensar em lei senão como ação, transformação? Que será que se pode "traduzir" apenas? Que "real" – qual dos "reais" – retratar? Vivemos tempos mais difíceis. E esta observação representa-se em todas as subsequentes "interpretações".

Segunda interpretação: a norma jurídica, que interpreta o real, nele colhe regularidades sociais com valor normativo, que considera dignas de serem elevadas a regra geral, a norma. Para tal tem de interpretar e criar, assimilando elementos, associando-os, recortando-os do real, e transpondo-os para um texto, num texto.

Tanto na primeira como na segunda interpretações não se limita o intérprete jurista a contemplar ou a analisar o que *está-aí*. Tem um papel interventivo. De selecionador, de associador, de criador, em certa medida, porque quer a realidade social geral, quer a normatividade em estado livre pulsando na sociedade não se apresentam senão em estado bruto. É preciso que o diamante seja facetado.

Terceira interpretação, claramente criadora: a redação do texto da norma. Corresponde esta dimensão ou fase a estabelecer sentidos, a circunscrever requisitos, pressupostos, a delimitar consequências (ou sanções). O leitor do real, que o analisa primeiro silenciosamente, e depois eventualmente o discute de forma dialética numa comissão legislativa, num parlamento, no governo...na própria comunicação social se há debate público, passa a uma nova fase, criativa agora. Vai desta feita descrevê-lo, na hipótese da norma; e ficciona consequências que pretende postas em prática pela ordem jurídica, na estatuição ou sanção da mesma.

O texto da norma é assim uma interpretação escrita da norma, que, em absoluto, e independentemente de qualquer consideração de direito natural (não é essa a questão agora em causa), é, antes de mais, não escrita – e se encontra na confluência da normatividade espontânea das coisas, da realidade social, e da decisão normadora do legislador. Isso mesmo se encontra já anunciado no Digesto:

> *"Regula est, quæ rem quæ est breviter enarrat. Non est regula ius summatur, sed ex iure quod est regula fiat."* (D. 50, 17, 1)

Portanto, quando interpretamos a norma, sempre temos de ter em mente quatro estratos decisório-interpretativos, ou construtivo-interpretativos[102]:

– ***"Grundnorm" – sistema sócio-cultural e normativo, norma das normas*** (cf. ordenamento e sistema jurídicos)
Norma 1 – a interpretação-construção do **horizonte social e normativo** geral em que a norma se insere, e que funciona também como norma (conjunto de normas, ou melhor: **norma das normas**);

– **"Norma virtual"** *ou pré-escrita*
Norma 2 – a interpretação-construção da **norma pré-escrita**, ela própria saída da conjunção entre a normatividade do real (norma 2 a) e da vontade e decisão (ou da ponderação) legiferante do legislador (norma 2 b);

– **"Lex scripta"**
Norma 3 – a interpretação-construção da **norma escrita**, que é uma estilização verbal da anterior, e que se dirige não só ao presente como ao futuro, e que, arrancando mediatamente de uma realidade geral (norma 1), de uma realidade particular para-jurídica ou pré--jurídica (norma 2 a) e de uma decisão (norma 2 b), se projeta sobre situações contextualizadas em diferentes realidades do ponto de partida social considerado, e para mais serão contemporâneas de legisladores diversos.

– **"Lex concreta"** *ou norma ativa*
Norma 4 – a interpretação-construção da **norma juridicamente atuante**, num dado *hic et nunc*, que colhe já as preocupações finais

---

[102] As designações que figuram como títulos das diferentes alíneas são convencionais, e ainda em estado de "experimentação".

com a Norma escrita (Norma 3): é norma atualizada, para um dado tempo, lugar e situação. Que parte da norma escrita (norma 3), mas que não fica por ela, ascendendo na interpretação às anteriores, e transcendendo-a na atualização, movida pela intenção de Justiça, que é (como sabemos) uma *constans et perpetua voluntas*. Nunca será demais recordar estas ideias basilares.

A consideração destas quatro normas, ou destes quatro estratos normativos, abre novos horizontes hermenêuticos. Já anteriormente se havia tentado resolver de forma ponderada a consideração dos elementos temporais (historicismo *vs.* actualismo) e subjectivos (subjectivismo *vs.* objectivismo) na interpretação da lei, num equilibrado irenismo. O nosso Código Civil disso é, aliás, um bom exemplo:

> "art. 9º, nº 1: A interpretação não deve cingir-se à letra da lei, mas reconstituir a partir dos textos o pensamento legislativo, tendo sobretudo em conta a unidade do sistema jurídico, as circunstâncias em que a lei foi elaborada e as condições específicas do tempo em que é aplicada".

Este normativo propicia, na sua profunda ambiguidade, que nos parece sábia, um conjunto de possibilidades de leitura que deixam ao intérprete as mãos relativamente livres para fazer Justiça.

Na verdade, não se prescinde dos textos (Norma 3), nem deles se pode realmente prescindir, sob pena de insegurança e subjectivismo e decisionismo judiciais (e administrativos). Mas o texto é apenas um guia para, a partir dele (Norma 3) se chegar ao pensamento legislativo, que não é dito aqui nem *mens legis* nem *mens legislatoris*, mas, por este *a silentio*, nos permite pensar noutras normatividades: na Norma 2, remetendo para a realidade geral e normativa prévia e contemporânea – "sistema jurídico, as circunstâncias em que a lei foi elaborada" (Norma 1), e para "as condições específicas do tempo em que é aplicada", determinantes, enquanto novo horizonte normativo (simétrico do da Norma 1), da atualização da norma, em norma juridicamente atuante (Norma 4).

Nesse sentido tem razão uma tradição doutrinal britânica que afirma que só há realmente norma (isto é, Norma 4) quando previamente tiver

INICIAÇÃO À METODOLOGIA JURÍDICA

ocorrido uma decisão judicial que a invoca e põe em prática. Tem esta sabedoria ancestral muito acerto, porquanto, em grande medida, todos os demais estratos normativos são tópicos a tomar em consideração na decisão final, argumentos a ponderar, mas apenas a sentença judicial (e poderíamos dizer o Assento, quando ele tinha essa função) determina realmente, para um dado tempo, o sentido efetivo e os respetivos efeitos práticos da norma. Traduzindo linguisticamente: a sentença *atualiza* o sistema. É um ato-*parole*, face à *langue* do todo do sistema, que comporta em si graus normativos distintos[103].

Daqui decorre que o segundo fundamento da Hermenêutica jurídica nos parece poder traduzir-se, *cum grano salis*, pelo brocardo francês de tempos ainda pré-hermenêuticos, mas que, tal como o Digesto, também contém uma fecunda intuição: *Par le code civil, mais au-delà le code civil...* Realmente, qualquer hermenêutica jurídica não pode, sem se negar e sem cair no mais arbitrário dos direitos livres, prescindir do texto ou nele fazer caber o que lá não está (como o nº 2 do citado artº 9º do nosso Código Civil prevê e proscreve), mas tampouco lhe é permitido que se quede pelo fetichismo do abacadabra literalista, adorador ritualístico da forma (norma 3) que esquece a norma (norma 4).

3. Prolegómenos à fundamentação de uma Hermenêutica Jurídica futura

Postos estes dois essenciais fundamentos, os demais decorrem daqui.

Já em 1993 chamávamos a atenção para algumas dimensões hermenêuticas que hoje nos permitimos designar por fundamentos[104]. Como então falávamos de dimensões, não acolhêramos autonomamente o fundamento estrutural da norma. Em síntese, podemos dizer agora estarmos perante os seguintes fundamentos:

– O fundamento *teleológico*, já referido, de busca da Justiça, de hermenêutica ao serviço do Homem e com uma dimensão eminentemente prática;

---

[103] Para uma aplicação de teorizações dos atos de linguagem ao Direito e à Ética, cf., *v.g.*, PAUL AMSELEK, (Dir.), *Théorie des actes de langage, éthique et droit*, Paris, P.U.F., 1986.
[104] Cf. *Princípios de Direito*, cit., p. 398 ss..

FUNDAMENTOS JURÍDICO-HERMENÊUTICOS

– O fundamento *estrutural*, igualmente já mencionado, pelo qual se tem de atentar, na função de fazer Direito, de dizer o Direito, não apenas no texto da norma-escrita (Norma 3), como na hermenêutica jurídica tradicional, mas também nas diferentes dimensões normativas de que a norma-escrita (Norma 3) é como que o significante. Há que descobrir-lhe significados prévios (Normas 1 e 2) e dar a esses significados uma aplicação atualizada, densificada, atuante (Norma 4).

– o fundamento *deontológico,* derivando do primeiro, colocando todo o intérprete-criador-aplicador do Direito perante a responsabilidade que decorre não só das consequências práticas da sua interpretação-decisão, como da própria natureza do seu labor, que nunca é de burocrática e passiva interpretação ou aplicação, mas sempre de criação. E por isso nunca mais se pode falar tranquilamente em interpretação declarativa: nenhuma interpretação é somente declarativa, tal como não há normas claras, nem casos claros (*clear cases*) ou fáceis.

– o fundamento *lógico-cognoscitivo*, que apela à compreensão de todos os elementos em jogo, no caminho que, para a elaboração da Norma 4, parte da Norma 3 até à Norma 1, e de volta. Isto é, no caminho que, para a criação da norma juridicamente atuante, parte da norma escrita, pela via da norma não escrita, até à norma das normas – e, em boa verdade, até a uma Norma 0 (zero) que é a própria Justiça ou qualquer dos seus avatares. Eventualmente o Direito Natural ou outro paradigma equivalente. Seja como for, o fundamento lógico-cognoscitivo (lógico como disciplina, método, regra e rigor que permite o correto conhecimento) está sujeito aos demais no plano do dever-ser, embora seja intransponível ou "incontornável" no plano do ser.

– O fundamento *axiológico-normativo*, que impõe uma dimensão abrangente, compreensiva e prática da atividade hermenêutica jurídica, e é impulsionado pelo princípio teleológico. Resumiríamos principialmente este fundamento: *não pode haver interpretação correta que conduza a resultados injustos.*

Tal significa que, em alguns casos, se terá que fazer uso da interpretação interventiva, que complemente, restrinja, alargue, aperfeiçoe, extrapole ou corrija o texto da norma (Norma 3). No limite, a interpretação

INICIAÇÃO À METODOLOGIA JURÍDICA

juridicamente atuante terá de ser, como sugeriu já Manuel de Andrade, no seu *Sentido e Valor da Jurisprudência*, uma interpretação de "resistência". O que tem de comportar todos os cuidados, para evitar o subjetivismo e ativismos judiciais e administrativos sem freio e, no limite, injustos[105]. Donde, em geral, a regra para a intervenção interpretativa (no sentido de recuperação de um sentido anterior e mais alto que o da norma escrita – Norma 3) seja, a nosso ver, ainda a clássica regra do mal menor: se da aplicação conformada de um sentido mais literalista advier injustiça, mas ainda assim menor mal à sociedade do que uma criação interpretativa mais distanciada do texto da norma escrita (norma 3), deve abster-se o intérprete, para evitar piores danos; caso não advenha pior mal, deve encontrar uma forma de descobrir ou inventar (pelas palavras da norma, ainda que imperfeitamente expressa – como manda o artº 9º, nº 2 do Código Civil) um sentido justo, e eleger esse sentido. O nosso Código Civil, ao determinar que

> "art. 9º, nº 3: Na fixação do sentido e alcance da lei, o intérprete presumirá que o legislador consagrou as soluções mais acertadas e soube exprimir o seu pensamento em termos adequados",

manda efetivamente que a interpretação seja a favor das "soluções mais acertadas", e embora não permita uma interpretação que acolha "art. 9º, nº 2 (...) um pensamento legislativo que não tenha na letra da lei um mínimo de correspondência verbal", admite uma expressão imperfeita desse mesmo pensamento (*ibidem*). E, embora mande presumir que o legislador "soube exprimir o seu pensamento em termos adequados" (art. 9º, nº 3), no fundo, admite que uma formulação imperfeita acabe por ser o verdadeiro espelho das soluções mais acertadas.

Estas "soluções mais acertadas" outra coisa não são que a consubstanciação prática da aplicação dos fundamentos hermenêuticos teleológico, deontológico, e axiológico-normativo, ou seja, são a Justiça no caso concreto (não uma teoria da justiça); sendo o *iter* metodológico para aí chegar – regulado pelas demais precauções dos diversos números

---

[105] O que é e o que não é ativismo torna-se muito complexo avaliar. O neoconstitucionalismo terá contribuído para balizar esse ativismo. Há, porém, sempre exageros – por excesso e por efeito.

deste art. 9º – matéria que não esgota, mas remete para o fundamento lógico-cognoscitivo.

Por outro lado, o caráter compreensivo do fundamento axiológico--normativo, em conjunção com o lógico-cognoscitivo impõem que não se faça especial distinção entre interpretação da norma e integração das lacunas. Na medida até em que sempre se tem de escolher a norma, sobretudo em tempos, como o nosso, de pluralismo normativo. E a escolha tanto pode ser feita por entra a maranha de fontes de tão plúrima normogénese, como por *analogia legis*, como pelas diversas formas de *analogia juris*, como pela convocação de um estrato superior de normatividade: o recurso do intérprete diretamente à *Norma das Normas* – Norma 1 – e até Norma 0 – (ou seja, espírito do sistema ou direito natural, conforme, respetivamente, o art. 10, nº 3 do nosso atual Código Civil, ou o art. 16º do anterior), determinante da norma não-escrita (Norma 2) – "a norma que o próprio intérprete criaria, se houvesse de legislar no espírito do sistema", nas palavras do atual art. 10º, nº 3, *in fine*.

Capítulo V
Novos Fascínios, Novos Desafios:
Reforma Legislativa ou Reforma de Mentalidades?

A lei, por sua própria natureza, não deve servir para fazer doutrina, não deve ser utilizada como instrumento doutrinal. Precisamente porque, se tal fizesse, estaria manietando-se a si própria e comprometendo as hipóteses da sua durabilidade por via interpretativa. Não há doutrinas definitivas, e as leis devem ser quanto possível estáveis, embora as interpretações devam variar, com os tempos – mas não com as modas e o render da guarda dos ministros. Por isso, não devemos cometer à lei que imponha um programa hermenêutico-jurídico. O próprio pulso de ferro do Marquês de Pombal não foi capaz de abolir entre nós as práticas judiciais que remetiam para o *ius commune*, para o *ius romanum*, para o *ius canonicum*. E a lei da Boa Razão, que nos poupou um código num rasgo de síntese jurídica, foi todavia incapaz de se impor contra o ritualismo das práticas ancentrais. Por isso, e nos antípodas do fascínio do nóvel jurista pelos encantos de uma Hermenêutica afinal desgarrada do mundo do Direito, a solução hermenêutica para o Direito passa não tanto, nem principalmente, por uma alteração legislativa, mas por uma alteração de mentalidade. O que só se conseguirá com profunda mudança no ensino do Direito. O que se revela muito difícil, porquando as universidades tendem a reproduzir o que aprenderam, e como tal foi feito.

Até lá, e até na medida em que a lei pode ter uma função pedagógica (embora limitada) não nos ficava mal – o tabu foi quebrado já, há alguns bons anos, e em boa hora, por um artigo de muito interesse[106] – ir pensando calmamente em rever o Código Civil nos seus primeiros artigos. Para o atualizar, e para o adequar também à sensibilidade juspublicística[107]. E, desde logo, ao primado da Constituição e do Direito da União Europeia. Mas com muito cuidado para não lhe confiscar o que de tão subtilmente útil e acertado tem: e é muito. Os juristas deveriam começar os seus estudos com uma prece: *Deus nos conserve a Constituição e o Código Civil...* Creio que secretamente mesmo os mais ateus o fazem...

Mas ainda assim, com muito cuidado, valeria a pena pensar em rever... Deus nos conserve o Código, mas *a César o que é de César* e os primeiros artigos do mesmo não são Direito Civil, são Direito Constitucional. Uma vez que a nossa tese de doutoramento em Coimbra foi sobre Constituição e Utopia, e já a de Paris fora sobre Constituição e Mito, talvez estejamos autorizado sem muito escândalo a sonhar em voz alta.

Pessoalmente, redefiniríamos totalmente as fontes de Direito (que são os principais tópicos da interpretação): não só para atender ao pluralismo normativo que decorre da normogénese infraestadual, como da supraestadual, desde logo a europeia; não só para consagrar o princípio da interpretação segundo a Constituição, que parece essencial, e uma lacuna hoje grave; mas também para algumas reformas de fundo.

A menor, seria substituir a expressão "normas corporativas", que se presta a confusões, por "normas das pessoas coletivas" ou das "pessoas morais" e entidades não-estaduais. Mas poríamos algo para designar esta realidade normativa não estadual: sem cujo reconhecimento nenhuma Universidade pode ter estatutos e nenhum clube cobrar cotas.

A maior mudança seria – ai sacrilégio! – traduzir a expressão "espírito do sistema" pelo que efetivamente designa (comprovadamente, até pelo argumento histórico), embora timidamente, ou seja – o Direito Natural ou, mais irenicamente, o espírito da Justiça. Uma Hermenêutica do Direito Natural seria um céu aberto de fascinantes desafios:

---

[106] Diogo Freitas do Amaral, *Da Necessidade de Revisão dos Artigos 1º a 13º do Código Civil*, in "Themis", ano I, nº 1, 2000, pp. 9-20.

[107] Cf., *v.g.*, Paulo Bonavides, *Do Estado Liberal ao Estado Social*, 7ª ed., 2ª tiragem, São Paulo, Malheiros Editores, 2004, pp. 18-19.

NOVOS FASCÍNIOS, NOVOS DESAFIOS

esperemos que não já de infecundos fascínios. Mas não valeria a pena ir tão longe: uma expressão mais consensual, mas não tão tecnocrática, já seria um progresso.

Entre a maior e a menor, algumas importantes alterações seriam de consagrar:

A consideração dos valores da Justiça, da Liberdade e da Igualdade, apenas subtilmente consagrados na nossa Constituição, como valores jurídicos superiores do nosso ordenamento, orientadores de princípios jurídicos com valor interpretativo obviamente superior ao das normas. E ainda, em sede de fontes, a substituição dos artigos sobre os usos e a equidade (hoje concebida como um mero fruto da mediação). Aos usos, entendidos numa perspetiva apertadíssima, sucederia a consagração do costume como fonte de Direito, em condições a ponderar, atenta a evolução social operada. A equidade deveria ser considerada, como efetivamente é: uma qualidade da própria Justiça, não repugnando (pelo contrário) que os Códigos de processo consagrem as condições de arbitragem, mediação, e formas análogas e alternativas de Justiça sem obrigatoriedade de recurso à lei. Neste plano, quando se aludisse à Lei escrita, deveria dizer-se (obviamente na linguagem própria de um articulado legal) que a todos obriga e é parâmetro da decisão criadora do intérprete, contextualizada, e enquanto significante de um signifi- cado justo; o qual, em certas condições, melhor pode ser perseguido através da ultrapassagem da sua letra: e aí entram as referidas formas alternativas.

Assim, as fontes mediatas de direito seriam designadamente os seus valores superiores (Justiça/Solidariedade/Humanidade/Fraternidade, Liberdade e Igualdade) (Norma 1), actualizados imediatamente pelos princípios de direito (Norma 1-2), o costume (Norma 1), e as normas escritas (leis, *lato sensu* e normas de pessoas colectivas, ou morais) (Norma 3).

A obediência do juiz e da administração à norma escrita (Norma 3) tem de ser entendida em termos hábeis. Havendo uma margem liber- dade em caso de não restrição, nomeadamente de direitos, na medida em que se raciocina a partir de um sistema complexo de níveis norma- tivos, e não, de forma míope, sobre um texto dado e estanque. Reco- nhecer-se-ia, em termos apertados, mas honrosos, o direito da pessoa do juiz à objecção de consciência perante a lei injusta, mas manter-se-ia a proscrição *do non liquet* (art. 8º, nº 1).

Ter-se-ia finalmente que repensar-se em que termos pode o Estado, um Estado em pletora legiferante, continuar pressupor a omnisciência do conhecimento da lei depois de um Michel Bastit (e já não foi ontem que o fez), no seu monumental *Naissance de la Loi moderne*, ter considerado que a referida presunção deixou de ter sentido[108]. Na verdade mais: depois de um Goethe ter afirmado já que, se conhecêssemos todas as leis, nem sequer nos restaria tempo para as cumprir ou desrespeitar. Já no tempo de Goethe... E depois de o hodierno Código Civil Federal mexicano ter posto em causa a rigidez do princípio de que *ignorantia legis non excusat* (art. 21º).

Finalmente, toda esta matéria deveria passar para o lugar que realmente lhe cabe, que é a Constituição, norma das normas e norma produtora de normas – pelo menos tal como em sido generalizadamente compreendida entre nós? Não o cremos hoje, pelo menos para já. Pode – e deve – haver Direito Constitucional no Código Civil.

Desçamos da utopia à realidade...decerto não menos utópica...

O grande problema não está tanto nos tópicos da interpretação (embora eles possam, como vimos, melhorar) como reside sobretudo nos sujeitos agentes da interpretação. Porque é evidente que a interpretação depende dos intérpretes (desde logo, e até sem considerar especificidades pessoais, mas apenas as qualidades e estatutos: os jurisconsultos fazem interpretação doutrinal, os leigos interpretação subjectiva, falsa interpretação doutrinal, o legislador interpretação legislativa, falsamente dita autêntica, e o juiz realiza jurisprudência[109]). Mesmo um Michel Villey duvidava de um direito natural com juristas medíocres[110]. Pessoalmente, hastearemos na janela do nosso gabinete a bandeira negra do positivismo jurídico se nos disserem que os juristas que o iriam aplicar não seriam homens minimamente cultos, ou seja, senhores das competências, experiências e memórias canónicas

---

[108] Michel Bastit, *Naissance de la Loi moderne*, Paris, PUF, 1990, p. 10.
[109] Para uma teoria dos sujeitos da interpretação, v. os nossos *Princípios de Direito*, p. 402 ss..
[110] Michel Villey, *Réflexions sur la philosophie et le droit. Les Carnets*, p. 45.

ao menos da nossa cultura e da nossa civilização, o que transcende, em muito, a interpretação literal e obriga a uma vasta leitura do Mundo.

Para merecerem um Direito justo, e para o realizarem, os juristas têm de mudar muito. Recuperar o tempo perdido em fascínios tecnocráticos e ideologizantes, e erguer-se da geral incultura dominante, imposta pela deseducação obrigatória da massificação. Os juristas têm, antes de mais, de voltar a saber ler, escrever, e falar. Saber ler e gostar de ler, ler com inteligência e ler muito e bem, e do que é bom. O estudo da Filosofia, da História, da Literatura e dos Clássicos em geral deveria ser obrigatório e eliminatório para os estudantes de Direito. A Hermenêutica a Retórica gerais, bem como as jurídicas, deveriam entrar nos nossos *curricula*. Só quando os juristas de novo se apaixonarem pelo texto compreenderão. Só quando de novo preencherem os seus ócios com a leitura e com a escrita, serão capazes. Só então novos Sthendal de novo lerão os Códigos Civis para, por osmose, depurar o estilo. Só quando de novo for arte apresentar com eloquência alegações orais em tribunal a palavra se reabilitará das longas e maçadoras assentadas forenses.

A tentação de reformar a lei, confessamos, é um *fascínio* inebriante, embriagador. A tarefa árdua de lutar pela mudança das mentalidades, um *desafio* muito exigente. Num e noutro caso, só vale a pena fazê-lo com base em fundamentos sólidos e de Justiça.

PARTE IV

HERMENÊUTICA, *INVENTIO* E *DISPOSITIO*

Sumário: I. *Conexões.* II. *Ramos do Direito ou Ciências Jurídicas Materiais.* III. *Fontes do Direito.*

Capítulo I
Conexões

Nem sempre se põe em relevo a relação profunda entre a Retórica e a Hermenêutica. E todavia ela é fulcral. Mesmo simplificando muito as coisas, considerando a primeira como arte da persuasão ou da argumentação e a segunda como arte (disciplina, ciência, método?) da compreensão ou da interpretação, mesmo assim, os fios que unem uma e outra acabam por tornar-se patentes.

No domínio particular do Direito, essa ligação parece essencial. A Hermenêutica, como vimos, não é simples exegese, mas ação de criação do Direito, com base nos parâmetros tópicos que são as fontes (depósitos, critérios ou padrões normogenéticos) a considerar. O intérprete, como assinalámos, não é apenas intérprete, mas criador: e a norma escrita não é a verdadeira norma, mas (simplificando agora) apenas uma estilização verbal da norma que está na *mens legis* – e assim se traduz em signos linguísticos – a caminho da norma vivente que é a norma aplicada, já com o contributo do hermeneuta, intérprete e aplicador, mas também criador.

Se este é o real procedimento e o real sentido das normas jurídicas e da hermenêutica jurídica, então esta encontra-se em plena interseção com a Retórica (e até, consoante os sentidos que às palavras se atribuam, ainda com a tópica e a dialética, se quisermos), pois é impossível jogar com os elementos em presença (sobretudo tópicos e argumentos) sem um conhecimento e uma perspetiva até das diversas estratégias de convencimento do intérprete-aplicador-criador que é o hermeneuta jurídico (no fundo, todo o operador jurídico). Evi-

INICIAÇÃO À METODOLOGIA JURÍDICA

dentemente, na prática, há um sentido empírico que leva a maioria esmagadora dos agentes jurídicos (no foro, na política, na administração...) a proceder sem o conhecimento de que está a ser veículo e objeto de atos retóricos (e até de atos hermenêuticos). Mas isso não deve perturbar-nos. A ciência (sobretudo a ciência social e humana) é mais ou menos sempre conhecimento estruturado, racional e analítico sobre o que pode ser visto corrente e quotidianamente. Ou entrevisto ao menos...

Na atividade hermenêutica jurídica, o Direito vem à vida desde logo (*inventio*, em certo sentido) pelas fontes do Direito. Mas quer estas quer as ciências jurídicas materiais, ou ramos do Direito, estruturam (numa *dispositio*, em certa medida) uma estratégia de poder e de legitimidade, de *potestas* e de *auctoritas*, que é sólido discurso legitimador. E assim tem plenamente razão Viehweg ao assinalar a possível imbricação entre *inventio* e *dispositio*, na medida em que, na verdade (e o exemplo hermenêutico-retórico jurídico o atesta), o que surge, o que vem à vida, já o vem porque há uma estrutura, uma ordem, uma organização, que o faz nascer. Donde a matéria das fontes e dos ramos de Direito seja de algum modo intermutável, tal como a *dispositio* pode vir antes ou depois da *inventio*.

Seja como for, o discurso jurídico começa por se firmar nesses dois poderosos sistemas tópicos e argumentativos:

a) Os Ramos do Direito

Categorias jurídicas formais (abstratas) que nos fornecem a cartografia geral da juridicidade, e colocam os problemas e os temas em especialidades e jurisdições diversas (com regras diferentes, e até por vezes contraditórias) – com um poder conformador muito sólido, e toda a função legitimadora da cientificidade... Por algum motivo também se chama aos ramos de direito "ciências jurídicas materiais".

Os ramos do Direito têm uma função retórica sobretudo organizadora, análoga à da *dispositio*.

b) As Fontes do Direito

Categorias jurídicas formais (abstratas) que explicitam (e consubstanciam) as diversas formas de vinda à vida do Direito, cuja multiplicidade e também contraditoriedade em muitos casos fornece ao hermeneuta (ou ao retórico) múltiplas oportunidades de matização, escolha e ponderação. As fontes funcionam, não raro, como verdadeiros tópicos.

As fontes do Direito têm uma função retórica sobretudo criadora, fanerizante, de *in-venire*, próxima da *inventio*.

De Ramos e Fontes, muitíssimo sucintamente, e na estrita economia do que agora nos importa, curaremos nos capítulos seguintes.

Capítulo II
Ramos do Direito ou Ciências Jurídicas Materiais

O conhecimento dos ramos do Direito é a chave dicotómica das ciências do Direito: e também se designam tais divisões do Direito por ciências jurídicas materiais, como dissemos já. O conjunto de todos os ramos, ou o estudo (normalmente preliminar e introdutório) do conjunto de tais ramos, também tem o nome de Enciclopédia jurídica.

O conhecimento dos ramos do Direito é desde logo essencial para bem proceder para a escolha do *corpus* de textos jurídicos aplicáveis (em princípio), e para a determinação da jurisdição competente para o julgamento de qualquer causa concreta. Embora o Direito seja todo Direito, e com o advento de uma constitucionalidade principiológica seja difícil não dever aplicar *todo o direito*, a começar, é claro, pelo topo da pirâmide normativa, ocupado pelo Direito Constitucional.

Importa precisar algumas divisões básicas.

O Direito divide-se, antes de mais, em Direito público e Direito privado.

No primeiro caso, o Estado ou o poder público em causa (Império, Federação...) é um elemento privilegiado nas respetivas relações jurídicas. Aí ele evidencia todo o seu poder de detentor da soberania (ou, pelo menos, de uma sua significatica parte – não problematizamos agora o ambíguo conceito). O particular que entra como elemento de uma relação jurídica de direito público experimenta, desde o início, uma espécie de *capitis diminutio*, de menoridade jurídica em relação à contraparte. Apesar de as legislações modernas caminharem num sentido garantístico do particular, nunca haverá, realmente, equivalência de gládios... e talvez não possa nem deva haver, na medida em que o interesse público não pode pôr-se ao mesmo nível do interesse particular. Todavia, há casos em que a discricionaridade e até o arbítrio (que são juridicamente coisas bem diversas) muito chocam.

Já nos casos de Direito privado, as partes são iguais (ou assim se ficcionam: porque uma multinacional não é nunca igual a um consumidor pobre, por exemplo). Também o Estado firma múltiplos contratos de direito privado, nos quais deve conduzir-se como se fora um simples particular.

Assim, o critério de distinção entre direito público e direito privado parece ser normalmente, hoje, o da *supra/infra* ordenação concreta dos sujeitos em presença, da sua posição concreta na relação jurídica, e não o da qualidade intrínseca (pública ou privada) dos sujeitos. Uma perspetiva que é apenas num certo sentido moderada pelo facto de que as relações de direito internacional público (entre Estados e outros sujeitos de direito internacional dotados de *imperium*) são consideradas de direito público. Aí a ordenação pode ser tida como de *gleichordnung*, de paridade (por muito que os Estados sejam desiguais); mas estão sempre em presença entes *públicos.*

Poderia pensar-se que este tipo de divisões se encontraria ultrapassado, tanto mais que a invasão publicística de cada vez mais esferas privadas faz perguntar se a grande maioira das relações jurídicas não são já tuteladas sob a batuta do *imperium* estadual. E, por exemplo, o direito da família, tradicionalmente privatístico, não terá já mudado para o domínio público? Alguns assim o pensam...

Todavia, apesar de todas as dificuldades, continua a revelar-se útil a distinção. Ela *revient au galop*, como se fora coisa natural, por exemplo nas questões de aplicação da Carta canadiana de direitos. E não sabemos se a evolução dos direitos humanos e fundamentais na União Europeia não poderá vir a trazer a questão para a nossa mais próxima ordem do dia.

No seio do direito público há diversos ramos ou especialidades jurídicas:

Antes de mais, o direito constitucional ou político, que por uns é considerado como o direito dos direitos, o vértice da pirâmide normativa, impondo-se a todos os demais e encontrando-se na Constituição

RAMOS DO DIREITO OU CIÊNCIAS JURÍDICAS MATERIAIS

as cabeças de capítulo (*têtes de chapitre*) de todas as fundamentais questões de direito, e por outros (muito poucos) é encarado, mais limitadamente, mais modestamente, como o direito da ação específica ao nível do rigorosamente político, ao mais alto nível, ou seja, um direito de distribuição de poderes, honras, direitos e deveres fundamentais no Estado. Esta segunda visão é não só minoritária, e largamente, como rema ao contrário dos ventos da história jurídica.

O direito administrativo regula, por seu turno, o aparelho de Estado, subordinado ao Direito constitucional (embora alguns autores pareçam ver na maior longevidade daquele alguma subversão ou atenuação do princípio – mas não parece terem razão). Autonomizações do direito administrativo são o direito fiscal, que regula os impostos e taxas a pagar ao Estado, e, mais recentes, o direito do urbanismo e do ambiente, entre outros.

Os direitos processuais, que curam da tramitação processual, com seus respetivos pressupostos ou requisitos, incidentes, recursos, etc, quer trate substantivamente de matéria publicística ou privatística, uma vez que se inserem no poder de *imperium* do Estado (*ius imperii*), são sempre considerados de direito público.

O direito internacional público, a que alguns, porém, negam a própria qualificação de jurídico (mas a nosso ver sem razão, pois o direito não é coação na sua essencialidade, e o actual direito internacional até vai ganhando tal característica), regula as relações entre os sujeitos de direito internacional: o Estados, organizações internacionais autónomas, o Vaticano, a Soberana Ordem de Malta, e até certas relações entre os indivíduos e essas entidades, em certos casos). É um direito público.

O mesmo caráter público assume, evidentemente, o direito da União Europeia (já não faz grande sentido é continuar a apelidá-lo de Direito Comunitário). Tal deriva dos princípios *supra* enunciados.

Embora as tentativas de elaborar um tratado constitucional que fosse uma espécie de constituição europeia formal se tenham frustrado, o certo é que a sociedade política União Europeia tem uma Constituição material, e o Tratado de Lisboa funciona como se fosse uma Constituição formal. Assim, há, desde logo, um Direito Constitucional da União Europeia. E há já também um Direito Constitucional Global, estando em curso trabalhos muito sérios para instituir um Tribunal Constitucional Internacional. O *multilevel constitutionnalism* implica complexos problemas de aplicação normativa.

O direito penal ou criminal possui, evidentemente, uma dimensão pública. Atribui sofrimentos graves, as penas, a quem comete infrações graves, os crimes. Embora também possa punir infrações menos graves (aquilo a que os franceses designam por delitos, e ainda as contravenções), embora parte dessas infrações estejam nos nossos dias a passar para o direito de mera ordenação social, paredes meias com o direito administrativo, e em que a sanção-regra é a coima (que acaba por ser vizinha da multa). Tal se insere dentro de um movimento de "purificação" do direito penal, que procura reservá-lo para questões de *ultima ratio*, o que se liga, também, a um forte movimento de despenalização e descriminalização. A Justiça restaurativa, a mediação e outras manifestações de um Direito menos fero e menos dogmático não deixam de aliviar o pesado fardo do mundo jurídico do crime.

Contrariamente a um certo pensamento ingénuo, muito vulgarizado entre profanos e caloiros (mas que teve outrora curso entre a doutrina sábia: Lizt, Binding, Crispigni, Beling e Köhler, por exemplo), o direito penal não é o direito do castigo, nem sequer de toda a sanção, o braço armado do sistema jurídico fornecendo as suas punições aos mandamentos infringidos. Não. As sanções penais são próprias do direito penal. E apenas se aplicam em consequência de atentado contra específicos bens jurídicos de ordem penal (bens jurídico-penais), protegidos especificamente pela lei penal, de forma tipificada (sujeita a *numerus clausus*).

No domínio do direito privado encontra-se o direito civil, grande criação mental e prática dos Romanos, que influenciou profundamente todo o direito nos seus primórdios: que verdadeiramente o fundou no plano técnico.

Sendo o direito mais importante em Roma, o direito civil conservou ao longo dos séculos uma perfeição sistemática muito rigorosa, a qual é, por vezes, com razão ou sem ela, copiada por outros ramos do direito. Outras vezes são os civilistas que pretendem exportar as suas conceções (por exemplo, a teoria geral da relação jurídica civil) para o domínio de outras ciências jurídicas materiais (por exemplo, para o domínio da relação jurídica tributária). Não podemos julgar aqui todo o bem e todo o mal que estes fenómenos de importação e exportação dogmáticas provocam no conjunto da grande família do direito e dos juristas. Nem como nos dias de hoje novos paradigmas, designadamente juspublicísticos, procuram libertar o Direito do excesso de privatismo ou mesmo de "dura lex" e "tecnicismo" *tout court,* nesse movimento avultando, desde logo, as tendências mais informalistas, tópico-problemáticas e de mediação.

Seja como for, o direito civil é tão importante que vários códigos civis em todo o mundo conservam no seu seio a regulamentação de matérias verdadeiramente constitucionais (pelo menos no sentido lato de direito constitucional) como as fontes do direito ou as regras de interpretação. É assim necessário recorrer ao Código civil (em alguns casos também à doutrina civilística) para bem conhecer estes dois importantes mecanismos do direito, qualquer que seja o domínio de especialidade que se tenha em vista.

No direito civil propriamente dito floresceram ciências particulares como os direitos de personalidade, o direito da família, o direito das sucessões, os direitos das coisas (reais, ou de propriedade), os direitos das obrigações (aí avultando o direito dos contratos e o direito da responsabilidade civil). Todos estes direitos, assim como uma parte geral tratando das fontes, da hermenêutica jurídica e de todas as relações jurídicas no plano geral, se encontram no Código civil português.

Importa ainda salientar como privatísticos o direito da caça e da pesca, os direitos de autor, e os direitos da propriedade industrial.

Antes mesmo que o fenómeno da consolidação epistemológica dos atuais direitos públicos houvesse ocorrido, já no direito privado se verificara a autonomização do direito comercial a partir do direito civil, que era, e é, o direito privado comum, e, como tal, direito subsidiário dos novos direitos da área (e mesmo de outros, mais híbridos, como o do trabalho). Depois da autonomização do direito comercial, e sempre por motivos económicos e sociais, vimos aparecerem esses ramos mais híbridos, como o direito do trabalho, o direito sindical, e, já praticamente público, o direito da segurança social. Embora as tendências neoliberais, cada vez mais radicais, pretendam sempre a sua máxima (ou total) privatização.

Os direitos dos negócios, das empresas (ou empresarial), da economia, etc., oscilam, conforme a doutrina e decerto também consoante a

INICIAÇÃO À METODOLOGIA JURÍDICA

respetiva constituição económica do país em causa, entre o público e privado. Os autores dividem-se entre focalizações mais centradas sobre a empresa e perspetivas mais abrangentes do todo da economia ou das empresas públicas ou com importante participação do Estado – quando tal situação ocorra.

A rede constituída pelos ramos do direito é uma linguagem, é uma gramática e, como aflorámos já, remete para blocos de normas próprias, com estilo diferenciado, histórias e memórias privativas, correntes jurisprudenciais identificáveis, e até especialistas na Universidade e no Foro ou na Administração, com características bem próprias.

Saberes preliminares e estruturantes os das fontes e ramos do Direito – que aqui apenas recordamos, sumariando.

Talvez a médio prazo fosse útil repensar estas disciplinas e ponderar na necessária interdisciplinaridade intradisciplinar: a interdisciplinaridade no seio do próprio Direito. É possível que estes moldes sejam espartilhos condicionadores da *forma mentis* jurídica, e, no seio da academia, reprodutores de poderes e esterótipos que talvez outras divisões alcançassem superar, ou, ao menos, atenuar. É ainda cómodo pensar nestas caixinhas. Mas não será cristalizador? Pensa-se já em pós-disciplinaridade, noutros horizontes; não apenas em interdisciplinaridade. É contudo sina de alguns estarem sempre no anteontem, e muito contentes com isso... O problema é que para estar atualizado é preciso estudar muito, viajar muito, dialogar muito, e cotejar muito. E estar atualizado não é copiar uma moda, é entender os ventos do seu tempo.

No Capítulo seguinte passamos às fontes.

Capítulo III
Fontes de Direito

A pluralidade da realidade jurídica, mesmo ao simples nível da sua organização sistemática ou científica, comporta elementos de divisão e dispersão que não dependem sequer das diferenças de concepção, argumentação, ou estilo de diferentes escolas ou doutrinas. Há imensas categorias jurídicas consensuais, ainda que, no seu seio, se recortem em multiplicidade. Mas trata-se de uma multiplicidade também mais ou menos consensual.

Apenas aqui falamos de duas: os ramos do Direito e as fontes do Direito.

O Direito é uno, com uma unidade evidente, que lhe é dada pela sua origem, modo de ser, objectivo, princípios, etc. Mas no pormenor, na sua análise, é multiforme.

É plural no seu modo de vir à vida, em geral (é a matéria das fontes). E é plural na organização da sua existência, pelos fins e meios particulares que utiliza (é a matéria dos ramos do Direito, ou das ciências jurídicas materiais).

O conhecimento das fontes do Direito é muito importante sobretudo como cura termal contra o regime único do império da lei, do regulamento e da ordem de serviço. O correto conhecimento das origens do Direito, leva-nos a compreender que, como diziam os romanos, a lei não é o Direito em sentido próprio, mas tão somente a sua estilização verbal. Ou como dizia Tomás de Aquino: é uma certas *razão* do direito. Por isso, uma dada relação ou proporção.

INICIAÇÃO À METODOLOGIA JURÍDICA

Segundo o mito clássico da criação do Direito, quando alguns sábios sacerdotes, futuros juristas (jurisconsultos) romanos, talvez acompanhados por comandantes militares que se viriam a tornar pretores juristas, são conduzidos a observar os costumes mais razoáveis do seu país donde fariam derivaram as leis, iniciaram um trabalho de sociologia e de bom senso. Não inventaram usos, não prescreveram soluções saídas das suas capacidades imaginativas, utópicas, nem sequer ousaram propor como lei os usos mais excelentes. Apenas os razoáveis. Não o mediano, ou o medíocre, ou o mais frequente, apenas o ético razoável já existente de facto na sociedade. Uma espécie de mínimo denominador comum do bom senso. A mania de iluminados que pretendem descobrir "a pólvora" e passam a vida a fazer e desfazer as normas – e a infernizar a vida de quem as tem de cumprir ou interpretar – é coisa mais recente. Decorre de uma mentalidade voluntarista e vaidosa. Qualquer um se sente posar para a História como um Sólon, um Drácon, um Clístenes. Sabe-se lá se um Moisés...

A origem costumeira da lei antiga contrasta enormemente com a origem voluntarista e utópica da lei moderna. Se a lei antiga tinha como objetivo o alargamento e a generalização da ordem do mundo e da pólis tal como se encontravam, na medida em que tal ordem fosse justa, razoável, já a lei moderna, em geral, deseja construir um mundo à imagem e semelhança de uma certa ideia de mundo ou segundo o figurino de uma ideologia. Não tendo em consideração nem a ordem justa do mundo quando a haja já, ou seja intuível a partir da própria realidade, e ignorando a natureza própria do Homem. Mas não se pode reverter o tempo. E agora há é que fazer leis sensatas, sem pretender ou aspirar a descrever uma ordem "dada". Assim como os exemplos do real social são totalmente díspares, pouco podendo ensinar. Hoje, esse método da mítica normogénese romana seria impossível. A isso desde logo impediria o pluralismo hodierno.

Muitos códigos civis e mesmo constituições (estas mais pelo seu silêncio) consideram a lei como única fonte do Direito. Ou quase a única. Ou praticamente a única. O *Code Napoléon*, ao considerar que os contratos *latissimo sensu* são leis entre as partes (art. 1134º), é muito eloquente a este propósito.

FONTES DE DIREITO

Mas estes textos codificadores, que são em si mesmos leis, revelam-se maus juízes em causa afinal própria. Além da lei há sempre, quer a Justiça (ou o Direito Natural), quer a Constituição material (e a ordem de valores). Todas estas instâncias prévias e superiores à lei positiva, mesmo formalmente constitucional, pode conduzir à declaração de normas constitucionais inconstitucionais, como demonstrou o jurista alemão Otto Bachof[111], além de que haveríamos de convir que toda a lei injusta será inconstitucional, como certeiramente advoga o jurista brasileiro Juarez Freitas[112].

Mas há mais: apesar de a fonte imediata do Direito, de acordo com o catálogo institucional ou legal das fontes (em cada país ou sociedade política), ser apenas ou quase exclusivamente a lei estadual, frequentemente as constituições de diversos estados, ou a sua presença em organismos ou instâncias internacionais, abrem outras portas. Por exemplo, como se negará que a submissão de pleitos à jurisdição europeia conduz já a uma diferente fonte do Direito, a jurisprudência, devido à 'britanização' processual daquele foro? Isto significa que na Europa unida a lei não é ou não será mais a rainha das fontes do Direito. Porque o judicial decide em última instância... de forma muito judicialista.

E a pura e simples adoção da Declaração Universal dos Direitos do Homem (nem será necessário invocar mais instituições e outros textos) muito ajuda à causa dos direitos naturais do Homem, mesmo se se recusar paralelamente a existência do próprio Direito Natural ou outro critério pluralista suprapositivo.

Mas mesmo a afirmação do monopólio estadual e legalista no plano interno, antes das grandes transformações da integração europeia e da globalização, não passava, então, de um ambicioso programa, e não de uma realidade completamente vivente.

Os costumes (jurídicos) sempre foram Direito. Não dizemos que lhes haja sempre sido reconhecida razão enquanto argumentos contra uma lei expressa e taxativa... Mas o Direito tem também uma existência

---

[111] Otto Bachof, *Normas Constitucionais Inconstitucionais?*, trad. port., Coimbra, Atlântida, 1977.
[112] Juarez Freitas, *A Substancial Inconstitucionalidade da Lei Injusta*, Petrópolis, RJ, Vozes; Porto Alegre, RS, Edipucrs, 1989.

em grande medida fisiológica, da normalidade das instituições (-pessoa e -coisa) e não apenas uma dimensão contenciosa ou patológica. No quotidiano da vida dos camponeses, dos pescadores, dos artífices... quantos costumes jurídicos (nos quais coexiste, tem de coexistir, a repetição dos usos, o *corpus*, com a consciência da sua juridicidade, o *animus*) não continuarão os costumes a ser vividos e respeitados, mesmo contra a lei, coisa afinal distante e longínqua? A própria lei se cumpre pelo *costume* (*corpus* e *animus*) – como afirma, *cum grano salis*, José Adelino Maltez. A obediência à lei decorre de um *costume jurídico*, afinal...

Do mesmo modo, coisa semelhante acontece, num plano mais intelectual, para as normas das pessoas morais, as normas corporativas. As ordens profissionais, os sindicatos, as associações, as universidades (antes da estatização, e de algum modo ainda sob tal regime), os clubes, os hospitais,...embora se encontrem em muitos casos (em cada vez mais casos) enquadrados pelo espartilho das leis, faziam, fizeram, e continuam a fazer os seus estatutos, os seus regulamentos, os seus regimentos, as suas normas.

Por vezes, o Estado pretende que este poder normogenético (e normativo, em geral) seja derivado do seu. Mas tal não pode corresponder à verdade. Estes organismos, muitos deles nascidos muito antes da organização ou surgimento histórico do Estado, são as próprias pedras vidas da sociedade, instituições que, na sua generalidade, a lógica burocrática e tecnocrática (e nos últimos tempos também profundamente economicista e financista) do Estado não compreende, e que, se abafasse, faria sucumbir.

Uma sociedade pode, certamente, sobreviver sem instituições da sociedade civil, com organismos apenas pseudo desconcentrados, descentralizados, ou até ditos autónomos, mas, na verdade, secções, dependências ou agências do Estado-todo-poderoso. Mas sobrevive muito pior, e as soluções encontradas são muito mais distantes dos cidadãos e da razoabilidade de quem os conhece e sente diretamente. Embora um Estado bem organizado, ao nível central, seja indispensável. Podemos chamar-lhe, por exemplo, organização central da República ou outro nome, numa perspetiva de hipotética mudança de paradigma. Mas nesse caso mudaria a ideologia estatalista; não a necessidade de organização central (não centralista).

FONTES DE DIREITO

As normas corporativas, tal como o costume, são mais originárias e mais naturais que a lei, e a sua legitimidade parece até mais direta e imediata. Até porque a lei, de barreira contra o arbítrio, se transformou na própria forma de que o arbítrio, em tantos casos, se reveste. Não apenas sob governos totalitários e ditatoriais, como mesmo em democracias formais que se tenham tornado *morbosas* (Ortega y Gassett). A lei já não é hoje, infelizmente, essa sagrada garantia dos primórdios liberais.

O princípio da subsidiariedade, previsto aliás até nos grandes textos fundadores da Europa unida, deveria ser aplicado de forma desenvolta e sem preconceitos a estes casos, no reconhecimento da validade e autonomia destas fontes de Direito[113]. Mas não deixa de ser necessária prudência, contra o arbítrio de caciquismos... E de novo volta a Lei como garantia geral.

A jurisprudência, como já aflorámos, é uma fonte muito importante, dependendo, porém, a extensão do seu papel do sistema jurídico que estejamos a considerar (ou vice versa: na verdade, em boa medida depende um sistema jurídico do lugar e papel que aí tenha a jurisprudência). É sabido que na família de Direito anglo-saxónica se fez da jurisprudência a fonte primacial; a nossa família romanística (ou romano-germânica) não lhe atribui ainda, apesar da referida tendência europeia, um lugar tão dominante. Em todo o caso, se o precedente não faz lei, como ocorre entre nós, será sempre necessário aos agentes jurídicos mais esclarecidos e mais responsáveis bem conhecer os precedentes em casos análogos para neles se inspirarem (seja para os seguir, seja para os recusar).

Houve mesmo teóricos que consideraram ser a jurisprudência a verdadeira ciência jurídica, bem mais importante que todas as demais fontes. E há teóricos atuais que consideram que, na prática, o juízes do sistema de "direito civil" ou "romano-germânico", têm os precedentes em muito mais consideração do que se pensa.

A doutrina jurídica, ou seja, aquilo que os investigadores e os professores devem fazer quando se não limitam à vulgarização ou à compilação de dados, foi um dia, em Roma, fonte imediata de direito. As

---

[113] Cf. PAULO FERREIRA DA CUNHA, *Direitos Fundamentais. Fundamentos e Direitos Sociais*, Lisboa, *Quid Juris*, 2014, p. 106 ss..

INICIAÇÃO À METODOLOGIA JURÍDICA

respostas dos jurisconsultos às consultas que lhes eram dirigidas faziam direito (era o *jus publice respondendi*). Hoje, com a multiplicação das pessoas detentoras de títulos mas não forçosamente prudência, sabedoria, ou mesmo conhecimentos suficientes, uma tal solução seria catastrófica. Dizem alguns causídicos que também se veem pareceres e consultas escritas de muito fraca qualidade, e pendulares conforme os ventos e os clientes. E que os magistrados, por isso, cada vez menos dão valor às opiniões desta doutrina pontual. Na verdade, pareceres e consultas escritas acabam por ser mais exercício do ofício de advogado por advogados com maior fôlego teórico, ou menos pendor prático, reputados mais conhecedores ou mais sábios...

Contudo, a doutrina tem um relevantíssimo papel. Sobretudo quando pensa os problemas de forma geral e abstrata, sem se comprometer com uma das partes de um litígio (embora possa evidentemente pronunciar-se, desde que se mantenha imparcial). Se os jurisconsultos não podem, tal como o não podem os juízes sequer, arrogar-se a condição de viva voz da lei (*viva vox legis*), são todavia, ou devem ser, a consciência crítica (e obviamente também livre e independente) do Direito.

As fontes do direito têm uma aplicação por vezes imediata, como as leis e as normas corporativas, e os costumes, quando existem e subsistem, ou então possuem uma vivência (e vigência) mediata, como o trabalho de longo curso da doutrina, e a última palavra da jurisprudência.

Mas o direito, mesmo o direito de raiz legislativa, não possui todo o mesmo valor. Há uma escala de pesos relativos, uma tabela de aplicação das normas.

Alguns códigos civis e, mais raramente, algumas constituições, explicitam em linhas gerais essa relação. Noutros casos, é o uso da jurisprudência e/ou a teorização da doutrina (a interpretação que fazem da constituição material nessa matéria) que nos indicam como proceder.

De um modo geral, é necessário considerar dois tipos de problemas.

Por um lado, o da hierarquia das normas, e, por outro lado, o das lacunas, na ausência de norma aplicável, o que nos leva aos caminhos do direito subsidiário.

No que respeita a hierarquia das normas, duas posições fundamentais se contrapõem.

A primeira é a que encara a Constituição (sobretudo a constituição formal, escrita... mas pode também ser, de algum modo, a material) como a norma das normas, a regra dominante, geradora, e conformadora de todo o ordenamento jurídico. Por isso, haverá de proceder-se a um julgamento de conformidade ou não-conformidade de todas as normas com as suas normas hierarquicamente superiores, e, especialmente, com a norma superior a todas: a do texto constitucional. É aquilo a que se chama a apreciação da constitucionalidade (das normas). Uma norma conforme à constituição, na sua forma, na sua elaboração e no seu conteúdo, será constitucional, formalmente, organicamente e materialmente. Se um destes elementos faltar, um tribunal constitucional, uma secção de um Conselho de Estado, um Supremo Tribunal ou um órgão superior do Estado afim, conforme os países, deverá declarar a inconstitucionalidade.

Pela restrição ou confinamento do Direito Constitucional às matérias de índole política, a influência deste e da Constituição sobre outros agregados de normas tornar-se-ia muito menor. Esta é a segunda forma de encarar o problema. Nesta concepção, o juízo de in-constitucionalidade acaba por ser muito menor, por se refletir em muito menos domínios, e por se afastar do paradigma da pirâmide normativa kelseniana que lhe subjaz na perspetiva anteriormente referida. Aquele "minimalismo" constitucional é hoje apenas residual. Pelo contrário, avulta a ideia de *irradiação* das normas e princípios constitucionais, e o Direito Constitucional é encarado como possuindo uma *hegemonia vinculante*[114].

Mas não ficamos por aqui. O texto constitucional pode, em concreto, num ou noutro ponto, colidir com o espírito dos povos (tomamos a expressão no seu lídimo sentido, sem conotações excessivamente ideológicas, como é óbvio), com a própria justiça... e então deve-se considerar quer a constituição material, quer o próprio sistema de valores da constituição, que pode resolver um eventual conflito de direitos, de valores, etc. E fazer uma leitura holística.

Num nível inferior, as leis-quadro, as leis e os decretos-leis não têm sempre o mesmo valor nos diferentes países...

---

[114] Cf. Paulo Bonavides, *Do Estado Liberal ao Estado Social*, pp. 18-19.

INICIAÇÃO À METODOLOGIA JURÍDICA

E depois, os regulamentos, que são, sem dúvida, textos normativos, mas não inovadores. Submetem-se directamente às leis, que devem explicitar, completar.

Os actos administrativos, embora não normativos, encontram-se submetidos ao princípio da legalidade e, por isso, ocupam a base da pirâmide "normativa".

Revela-se muito útil, e mesmo *conditio sine qua non* do conhecimento e aplicação do Direito, a familiaridade com as subtilezas da escala de fontes reconhecida (e mesmo com as não reconhecidas oficialmente, já não reconhecidas, ou ainda não reconhecidas). Uma decisão de um agente administrativo, por mais poderoso que seja, não pode nada contra um regulamento. E o poder regulamentar tem de submeter-se ao poder legislativo. E ainda este, mesmo se exercido folgadamente no quadro de uma consonante e unanimista maioria parlamentar, não poderá senão inclinar-se diante da força da Constituição.

Um outro problema é o que se põe no caso de ausência de norma para regular uma qualquer situação jurídica. E dizemos assim, porque há muitas coisas da vida que não reclamam a intervenção do Direito, antes, pelo contrário, parece que por natureza obrigam a que o Direito delas se afaste.

Nos casos de verdadeira ausência de lei para um caso que merece a pena e tem dignidade e especificidade jurídicas, as legislações, designadamente os códigos civis, indicam-nos normalmente as regras a seguir.

De uma forma geral, o procedimento a observar consiste em preencher o vazio pela utilização de procedimentos de extensão (como a própria interpretação extensiva, utilizando todas as possibilidades englobantes de uma norma já existente, vizinha do problema, ou então a analogia, na qual a lei convocada, ainda que adequada a caso semelhante, não é tão próxima da situação a regular).

Um outro meio é o de recorrer a outras fontes ou categorias do direito, como os princípios do Direito Natural, ou a equidade (que pode rapidamente descrever-se como o tratamento do igual igualmente e do desigual desigualmente, na medida da sua desigualdade)[115].

---

[115] O presente capítulo constitui apenas um resumo dos resumos do problema. Bibliografia complementar: A. CASTANHEIRA NEVES, «Fontes do Direito», in *Pólis*, vol. II, Lis-

FONTES DE DIREITO

boa/São Paulo, 1984, cols 1512 ss., que inclui alguma bibliografia fundamental; Idem, *Metodologia Jurídica. Problemas Fundamentais*, Coimbra, 1993 (para mais geral enquadramento); Idem, *Anotação ao Acordão do TC nº 810/93*, in *Revista de Legislação e Jurisprudência*, nº 3839, ano 127, Junho 94, p. 63 ss. e nº 3840, Julho 94, p. 79 ss.. MICHEL BASTIT, *Naissance de la Loi Moderne*, Paris, PUF, 1990; MÁRIO BIGOTTE CHORÃO, *Temas Fundamentais de Direito*, Coimbra, Almedina, 1986, máx. p. 197 ss.; PAULO DOURADO DE GUSMÃO, *Introdução ao Estudo do Direito*, Rio, 17ª ed., 1995, máx. p. 107 ss.; JORGE MIRANDA / MARCELO REBELO DE SOUSA (coord.), *A Feitura das Leis*, Lisboa, 1986, 2 vols.; *La Loi*, vol. XXV de «Archives de Philosophie du Droit», Paris, Sirey, 1980; «*Legislação. Cadernos de Ciências da Legislação*», Lisboa, INA, publ. periód. em curso de publicação; PAULO FERREIRA DA CUNHA, *Princípios de Direito. Introdução à Metologia e Filosofia Jurídica*, Porto, Rés, 1993, máx. p. 311 ss.; Idem, *O Século de Antígona*, Coimbra, Almedina, 2003, *passim*; Idem, *Fontes do Direito. Direito Português Actual*, in "Verbo. Enciclopédia Luso-Brasileira de Cultura. Edição séc. XXI", vol. XII, Lisboa/São Paulo, col. 424 ss.; Idem, *Equity, Ibid.*, vol. X, Lisboa/São Paulo, 1999, col. 545 ss.; Idem, *Equity Law, Ibid.*, vol. X, Lisboa/São Paulo, 1999, col. 547 ss.; *Direito Comum, Ibid.*, vol. IX, Lisboa/São Paulo, 1999, col. 509 ss.; Idem, *Identité et Constitutionnalité du Droit Pénal*, in "Essais de Philosophie Pénale et de Criminologie", Paris, Institut de Criminologie de Paris, l'Archer, vol. I, 1999; Idem, *Costume*, in "Verbo. Enciclopédia Luso-Brasileira de Cultura. Edição séc. XXI", vol. VIII, Lisboa/São Paulo, 1999, col. 312 ss.; Idem, *Common Law*, in *Ibidem*, vol. VII, Lisboa/São Paulo, Verbo, 1999, col. 586 ss.; Idem, *Verdade, Narração e Judicatura*, in *Verdad (Narración) Justicia*, coord. José Calvo González, Málaga, Univ. Málaga, s.d (1999); Idem, *El Camino de las Fuentes*, in "Anuario de Derecho", vol. IV, Buenos Aires, 1998, p. 37 ss.; Idem, *El juez y la creación judiridica*, in "Revista del Poder Judicial", nº 49, Madrid, 1998, pp. 825 ss. Por último, Idem, *Do Primado da Constituição no Tratado de Lisboa*, in "Interesse Público. Revista Trimestral de Direito Público", Belo Horizonte, Editora Forum, nº 52, 2008, p. 115 ss. e uma síntese geral do problema *in* Idem, *Direito Constitucional Anotado*, Lisboa, Quid Juris, 2008, p. 277 ss.

PARTE V

INTERPRETAÇÃO JURÍDICA E MÚSICA: UM EXEMPLO INTERDISCIPLINAR[116]

SUMÁRIO: I. *O Ar de Família das Artes e das Ciências*. II. *Juristas e Músicos como intérpretes*. III. *Improviso ou Servilismo Interpretativo?*

---

[116] Recordando e arrancando inspiração de uma conferência do musicólogo Prof. Doutor Rui Vieira Nery, o qual é evidentemente inocente de todas as transposições de profano aqui ousadas, e creio nem sequer ter proferido durante o seu brilhante improviso a palavra "Direito" ou suas afins...

Capítulo I
O Ar de Família das Artes e das Ciências

No tempo de enaltecimento da especialização em que ainda vivemos, esquecemos que em todas as coisas de um mesmo tempo há um ar de família, afinidades que permitem deduções e generalizações. Por isso, por exemplo um Panofski pôde escrever sobre a relação entre a arquitectura gótica e a escolástica[117].

No permanente panegírico da actualidade e de um futuro que dela seria extensão ou reprodução melhorada, também se esquece frequentemente que, independentemente das épocas, há grandes problemas que são de todos os tempos: as grandes filosofias são de todos os tempos, disse-o várias vezes, por exemplo, um Michel Villey.

Finalmente (para não alongar muito o rol das razões), ao contrário do que se pressupõe – mas nem sequer se pensa – há nas diversas ciências, artes, *epistemai* em geral, muitos problemas que são verdadeiramente o mesmo, ou manifestações da mesma questão fundamental. A epistemologia nem sempre se apercebe destas coisas, pela simples razão de que não apenas os filósofos comuns, os filósofos *tout court*, se distanciaram demasiado das ciências, como o saber é cada vez mais pulverizado em pormenores que se torna impossível o conhecimento transdisciplinar (e pior ainda se encontra a vera interdisciplinaridade), a menos que se volte a uma ideia de saber básico – o que é contrário,

---

[117] Erwin Panofsky, *Arquitetura Gótica e Escolástica. Sobre a Analogia entre Arte, Filosofia e Teologia na Idade Média*, trad. port. de Wolf Hörnke, revisão da trad. de Maria Estela Heider Cavalheiro, São Paulo, Martins Fontes, 1991.

por seu turno, à cortina de fumo da extensão neoerudita da armazenagem de informações, e à antinormatividade imperante que veda até a determinação "normativa" (ou canónica) do que é verdadeiramente importante numa ciência...

De qualquer modo, nas raras vezes que, no torvelinho ocupacional em que artificialmente nos enredam, nos é dado ouvir, em reflexão profunda, e indo a fundamentos da sua matéria, um colega de outra congregação, ficamos entre atónitos e jubilosos por verificar que ali ao lado também se sentem as mesmas angústias, embora traduzidas, como é evidente, por outras palavras e aplicadas a diversos objetos.

É o que acontece com a música, vista pela ótica de um jurista.

Não deve ainda ter sido muito notada[118] – pelo menos tem passado despercebida – uma claríssima evidência que muito ajudaria os juristas a refletir sobre a sua função. Tal evidência é que músicos e juristas normalmente fazem sobretudo uma coisa: *interpretam*. Os legisladores são os compositores do Direito, a doutrina faz as vezes de musicologia. Mas na prática da vida forense, assim como nas salas de concerto, o que mais se faz não é nem discorrer sobre a música ou a justiça, nem criar novas peças, musicais ou legislativas: o que se faz é dar vida em ato à potência que existe nas partituras e nos códigos (e leis).

[118] Os estudos de Direito e Música progridem, todavia. Cf., por todos, MÔNICA SETTE LOPES, *Uma Metáfora: Música e Direito*, São Paulo, LTr, 2006.

Capítulo II
Juristas e Músicos como Intérpretes

O jurista comum e o músico comum são, sobretudo, intérpretes.

Donde os problemas metodológico, deontológico e teleológico da interpretação, para uns e para outros, sejam muito importantes: sejam mesmo problemas vitais. Evidentemente que há questões da natureza específica de cada arte que influem na compreensão e na aplicação concreta destas dimensões. Por exemplo, deontologicamente, a *duração* do *tempo* de execução de uma peça musical nada terá a ver com a *duração* no cumprimento de prazos em Direito. Pois é fundamentalmente aqui uma questão legal (embora, como todas, sujeita a interpretação) a ali um problema especialmente de técnica e estética.

Pessoalmente, estamos convencido mesmo que a Metodologia do Direito consiste essencialmente em duas coisas: na arte de interpretar (uma hermenêutica) e na arte de convencer (uma retórica). Na música, ambas existem: quantas vezes se não ouve um crítico, ainda que leigo, afirmar que determinada interpretação "não é convincente"? ou "não convenceu"?

Temos um longo caminho a percorrer da alta teorização hermenêutica que se faz em algumas Universidades (e em Portugal também se faz...e de grande qualidade) até à prática dos tribunais onde, porém, aparecem por vezes elementos de muito grande valor doutrinal, que é pena não serem mais conhecidos das Universidades. Há infelizmente dois tipos de académicos que exageram perante à relação da Academia com a jurisprudência: uns ignoram-na olimpicamente, como se as suas aulas chegassem (normalmente nem escreverão muito) para

INICIAÇÃO À METODOLOGIA JURÍDICA

dizer a última palavra; outros são delas servos, e apenas fazem fé nas colectâneas de jurisprudência. Mas os primeiros são mais numerosos. A mediação passa pela Universidade, sem dúvida, mas passa sobretudo pela atualização permanente e pela reciclagem dos juristas, que, infelizmente, em grande parte (e também em alguns casos na Universidade) ainda vivem no mundo interpretativo de Savigny. Idílico tempo... Tempo completamente passado, todavia.

O problema dos teóricos muito depurados do Direito é que são como aqueles engenheiros de som que não vão a concertos, porque, ao vivo, a qualidade de som é terrível. Tais especialistas não vão a tribunais porque o Direito que aí se faz seria de muito má qualidade para o seu purismo. Na verdade, é um Direito que em grande medida vive na escassez do prazo, na pressão da prática, e no esquecimento da doutrina menos direta e exegética. E na acumulação dos processos: quer para juízes, quer para o Ministério Público, quer para os advogados das partes...

O problema dos práticos é que, quando não confessam a si próprios um grande subjectivismo interpretativo (o que pode até envolver angústias deontológicas), fingem acreditar numa univocidade hermenêutica. Ora até aí há muito a aprender com a Música. São possíveis múltiplas leituras "positivistas" de uma peça musical. Mesmo os objetivistas e neoobjectivistas podem, por exemplo, mudar muito o tempo (e a duração) da execução. Pense-se quantas poderão ser, *a fortiori*, as leituras mais livres...

Do mesmo modo que em música e em literatura *tout court*, também em Direito as várias leituras possíveis (dentro de um círculo de fidelidade e significação coerente, lógica e contextual – ao abrigo dos chamados "signos guarda-chuva"[119]) encontram-se contidas na obra aberta[120]: obras abertas, sem dúvida, são as obras de arte e as obras jurídicas. E afirmá-lo não é, de modo algum, propender para qualquer tipo de "direito livre", de interpretação "democrática", ou de derrapagem de sentido até à loucura do livre alvedrio do intérprete. É, pelo contrá-

---

[119] UMBERTO ECO, *Lector in Fabula*, Milão, Bompiani, 1979, trad. port. de Mário Brito, *Leitura do Texto Literário. Lector in Fabula*, 1983, p. 27.
[120] UMBERTO ECO, *L'Œuvre Ouverte*, trad. fr., Paris, Seuil, 1965, trad. bras., *Obra Aberta*, 2ª ed., São Paulo, Perspectiva, 1971.

JURISTAS E MÚSICOS COMO INTÉRPRETES

rio, a um tempo respeitar a dimensão expansivamente significante da obra e a legitimidade interpretativa-criativa do intérprete, esteja ela nos dedos de um pianista, num advogado ou num funcionário público de código (ou regulamento) na mão, ou ainda num juiz com a justiça em suas mãos...

Só da confluência da obra do compositor com a arte do intérprete se pode realmente produzir Música, como realizar Justiça.

Ficaríamos maravilhados com verificar que os mesmos problemas que se colocam sobre a *mens legis* e a *mens legislatoris*[121] atravessam também a teoria da interpretação musical, que aí se podem ver historicistas e atualistas, tal como objetivistas e subjetivistas... Que também com o tempo há modas interpretativas... E que é óbvio que dos instrumentos que usarmos (os dos juristas são ideias, conceitos, teorias) depende muito o resultado... mesmo que com o mesmo intérprete e com a mesma pauta.

Quando Alain recorda aquele "puissant pianiste" que era capaz de igualar o Beethoven das três últimas sonatas, e que, sentado ao piano, parecia o próprio compositor, na sua máscara "surda e cega"[122], não nos está certamente senão a dar uma ideia cabalmente plástica (e sonora) do juiz (ou intérprete) *bouche de la loi* de que fala Montesquieu[123]. E que é o protótipo do positivismo legalista intepretativo: uma encarnação da lei – *viva vox legis.*

---

[121] LENIO LUIZ STRECK, *Voluntas legis Versus Voluntas Legislatoris: Esclarecendo a Inutilidade da Distinção*, in "Direitos Fundamentais & Justiça", ano 7, nº 25, Out./Dez. 2013, pp. 151--169.

[122] ALAIN, *Propos sur l'esthétique*, 6ª ed., Paris, PUF, 1991, p. 64.

[123] MONTESQUIEU, *De l'esprit des lois*, XI, 6: «Mais les juges de la nation ne sont (...) que la bouche qui prononce les paroles de la loi; des êtres inanimés qui n'en peuvent modérer ni la force ni la rigueur».

Capítulo III
Improviso ou Servilismo Interpretativo?

Finalizemos, porque o tempo é curto, e mais vale ouvir ou fazer Música e Justiça do que sobre elas dissertar. Era aliás o que dizia sobre a própria jurisfilosofia um seu cultor de grande envergadura, Francisco Puy. Um conselho às hoje inexistentes meninas que martelavam nos seus pianos como dactilógrafas diligentes, e aos aprendizes de juristas que martelam os códigos como pedreiros ou carpinteiros conscienciosos. Não toquem notas falsas, não batam com o martelo nos dedos próprios ou alheios... Mas lembrem-se que não há neo-objectividade musical sem interpretação, assim como o *in claris non fit interpretatio* (uma espécie de solfejo datilográfico) é falso, falsíssimo. Sempre se tem de interpretar, e criar... E isso pode redundar numas notas fantasma a mais, ou nuns esquecimentos providenciais.

"Demasiadas notas, meu Caro Mozart" – queixava-se a propósito de uma ópera (uma tradição afirma que seria *O Rapto do Serralho*[124]) o Imperador da Áustria filho da imperatriz que deu nome a um Código. E o *Codex Theresianus* tinha tantas notas que queria fixar perentoriamente até o tempo de aleitação de todos os bebés.

Num tempo de tantas notas jurídicas (autárquicas, nacionais, comunitárias, internacionais, e ainda muitas corporativas), o intérprete está mais à vontade para se esquecer de algumas... E num tempo de tão vasta produção de notas pode ele escolher melhor um reportório.

---

[124] Cf., entre nós, CECÍLIA FONTES, *'Le Nozze di Figaro', by Mozart*, in "Fides. Direito e Humanidades", vol. II, Porto, Rés, s.d., p. 121 ss..

INICIAÇÃO À METODOLOGIA JURÍDICA

Mas temos de ter cuidado, porque a máxima liberdade do intérprete pode assassinar a obra, como pode destruir a Justiça: uma polémica a propósito das cláusulas gerais no novo Código Civil brasileiro recolocou, há alguns anos, o problema. E a conclusão é evidente: afinal, o problema é se os juizes lêem a pauta ou improvisam demais... E se improvisam *pro domo*...

Por tudo isto, o curso de Direito deve ensinar, além de formação geral da área (histórica, e filosófica e princípio elementares dos diferentes ramos) o seu solfejo básico, noções de composição e interpretação. Mas nunca nos esqueçamos que a carreira se faz como o *caminho, caminhando*. E que o perfeito intérprete é um artífice e um artista: um *virtuoso* e um criador.

PARTE VI

POR UMA RETÓRICA JURÍDICA

Sumário: I. *Sentidos da Retórica Jurídica*. II. *Retóricas, Tópica e Dialética Jurídicas*. III. *Da Dialética*. IV. *Da Tópica*. V. *Porquê Retórica Jurídica?*.

Capítulo I
Sentidos da Retórica Jurídica[125]

A Retórica jurídica – como, aliás, todas as realidades do mundo mental – pode ser encarada de múltiplas formas. Cremos que as distinções podem ser muitas vezes formais, e por isso pouco prestáveis, ou antes decorrer de diferenças reais e importantes, e por isso se revelarem úteis. Uma das distinções que se nos afiguram efetivas e por consequência com utilidade, será a distinção entre Retórica jurídica em sentido restrito e Retórica jurídica em sentido lato.

Com efeito, tem-se entendido por Retórica Jurídica quer a disciplina (ou a realidade sobre que se debruça) atinente a um vasto, vastíssimo, conjunto de elementos discursivos, argumentativos, ponderadores, que se manifestam pelo pensamento problemático (e não dogmático, sistemático, axiomático, etc.[126]) com presença nas diversas formas por que se manifesta e vive o Direito. Nesta visão muito lata, Retórica jurídica engloba, na verdade, não só a tópica como a própria dialética. E como nem a tópica é uma só, nem a dialética singular, na Retórica jurídica,

---

[125] Mais desenvolvimentos *in* Maria Luísa Malato/Paulo Ferreira da Cunha, *Manual de Retórica e Direito*, Lisboa, Quid Juris, 2007, nova edição em preparação.

[126] Cf., por todos, Paulo Ferreira da Cunha, "Razão Dogmática, Razão Canónica, Razão Dialética", in *Lições de Filosofia Jurídica. Natureza & Arte do Direito*, Coimbra, Almedina, 1999, p. 231 ss. Na perspetiva do pensamento jurídico "sistemático", por todos, Claus-Wilhelm Canaris, *Systemdenken und Systembegriff in der Jurisprudenz*, 2ª ed., Berlim, Duncker und Humblot, 1983 (*Pensamento Sistemático e Conceito de Sistema na Ciência do Direito*, ed. port. com introdução e tradução de A. Menezes Cordeiro, Lisboa, Fundação Calouste Gulbenkian, 1989).

ao menos enquanto estudo de perspetivas e teorias, caberiam várias tópicas e várias dialéticas.

Mais ainda: vista a questão por outro lado, não há dúvida de que nesta lata aceção cabem retóricas de todas as fontes de Direito, pelo menos de todas as fontes voluntárias. Não sendo para nós claro afirmar--se que os usos ou até o costume, por exemplo, se afirmem com uma retórica (tal não poderá ser dito a não ser de forma muito metafórica...), já é evidente que a Lei está impregnada de retórica (desde as discussões políticas, parlamentares, trabalhos de comissão, até se plasmar tal retórica em exposições de motivos, preâmbulos, e até campanhas públicas de divulgação e promoção de certa legislação, etc.). O mesmo se diga, ou quase, para a jurisprudência. Os juízes (todo o tribunal, na verdade) assumem uma retórica desde logo denotada pela arquitectura dos lugares de administração da justiça, que se adensa, em círculos concêntricos, desde os espaços exteriores e dos símbolos que os palácios da justiça ostentam nas entradas e corredores, até à decoração e disposição das salas de audiências[127], passando depois às vestes forenses, e finalmente desembocando na linguagem verbal (gestual e corporal – veja-se a postura, hierática, por vezes) ritualizada do Direito. Linguagem que, como sabemos e devemos proclamar sempre, tem uma função e uma realidade técnica, e cujo hermetismo não terá sido fruto de uma vontade de ocultar, mas apenas o resultado da *décalage* natural entre a evolução semântica corrente da linguagem comum e a cristalização semântica do léxico dos velhos juristas romanos que ainda guardamos hoje em muitos e muitos casos – desde logo, e principalmente, no Direito Civil. Mas linguagem que, independentemente do seu sentido denotativo, adquire conotações e funções não só metalinguísticas relevantes, como até dimensões em grande medida mágicas.

O ritual judiciário[128] é, em grande medida, pois, uma questão retórica, nesta perspetiva lata do entendimento da Retórica e da Retórica Jurídica.

---

[127] Cf., *v.g.*, Paulo Ferreira da Cunha, *Le Droit et les Sens*, Paris, L'Archer, dif. P.U.F., 2000.

[128] Cf., por todos, Antoine Garapon, *L'âne portant des reliques – Essai sur le rituel judiciaire*, Paris, Le Centurion, 1985; Idem, *Bien juger*, Paris, Odyle Jacob, 1997, trad. port.

A Literatura[129], o Teatro[130] e o Cinema[131] dão-nos interessantes exemplos do efeito tantas vezes acabrunhador, niilizador dos rituais jurídicos e em especial do ritual forense, mesmo apenas na sua dimensão ainda não discursiva.

Mas no seio do drama ou da encenação da justiça (digamo-lo com asseticismo antropológico, obviamente sem qualquer carga pejorativa), o que sempre apesar de tudo ganha mais relevo, é a retórica propriamente forense, a retórica dos causídicos – e sobretudo, deve dizer-se, o pleitear oral, na barra do tribunal, e especialmente nas causas penais.

Pode ser que no futuro as coisas venham a ser diferentes. Encontramo-nos já num tempo em que o Direito Administrativo é mais de meio Direito (como afirmou pioneiramente Francisco Puy), e o Direito Constitucional efetivamente reina sobre as e com as *têtes de chapitre* de todos os ramos do Direito. Por isso, pode ser que a relevância retórica se possa deslocar para novos terrenos[132]... Mas para isso terá também de haver alterações processuais de tomo. Para que tal ocorresse seria preciso que a palavra dos advogados, e sobretudo a palavra proferida em juízo e perante juízes e público, tivesse mais lugar nessas jurisdições.

---

de Pedro Filipe Henriques, *Bem Julgar. Ensaio sobre o Ritual Judiciário*, Lisboa, Instituto Piaget, 1999. Cf. ainda o nosso *Processo Penal, Rito e Magia. Desafios de outrem e de hoje*, Separata de *Que Futuro para o Direito Penal Processual?* Simpósio em Homenagem a Jorge de Figueiredo Dias, por ocasião dos 20 anos do Código de Processo Penal Português, Coimbra, Coimbra Editora, 2009, p. 371 ss..

[129] Cf., *v.g.*, PHILIPPE MALAURIE, *Droit et Littérature*, Paris, Cujas, 1997; JEAN MARQUISET, *Les Gens de Justice dans la Littérature*, Paris, L.G.D.J., 1967.

[130] Muitas peças no Teatro encerram crucial significado jurídico. Desde logo, o *Prometeu Agrilhoado*, de Ésquilo; o ciclo Tebano, de Sófocles, aí avultando *Antígona e Édipo Rei*; muitas peças de Shakespeare; modernamente, várias obras de Jean Anouilh e Albert Camus, e a lista poderia crescer muito ainda.

[131] Sobre alguns filmes e o Direito, cf., *v.g.*, ANTHONY D'AMATO / ARTHUR J. JACOBSON, *Justice and the Legal System. A Coursebook*, Cincinati, Anderson, 1992, Teacher's Manual, p. 4 ss.. Os autores dão notícia de um popular seminário que usa(va) filmes como materiais de estudo: dirigido pelo Professor Francia Nevins, na Escola de Direito da Universidade de St. Louis. Algumas referências filmográficas também *in* ANDRÉ-JEAN ARNAUD, *Critique de la raison Juridique. 1. Où va la sociologie du Droit ?*, Paris, LGDJ, 1981.

[132] JOÃO MAURÍCIO ADEODATO, *A Retórica Constitucional, Sobre Tolerância, Direitos Humanos, e outros Fundamentos Éticos do Direito Positivo*, São Paulo, Saraiva, 2009.

INICIAÇÃO À METODOLOGIA JURÍDICA

Para já, e embora o Direito Civil continue a ser o mais eficaz com a sua singela retórica de "evidência" e de adesão ao senso comum que passa subtilmente por naturalidade e bom senso[133] – ao ponto de ser considerado como o único direito "perfeito"[134] (pela sua tecnicidade e aparente não-ideologia), e apesar da crescente importância do Direito Público político, é ainda no domínio do crime que a Retórica em sentido estrito mais brilha.

As defesas penais (mais as defesas que as acusações) são ainda, tradicionalmente, classicamente, o lugar de eleição do exercício oratório, persuasivo, do discurso que visa convencer, e que para tal se orna de ademanes de beleza, flechas de sentimento, argumentos de razão. As causas penais são comummente consideradas como as grandes causas jurídicas; há também retórica nisso, mas não é só "retórica", é um facto[135].

Eis-nos chegados à ideia de uma Retórica Jurídica em sentido estrito. Obviamente não apenas para as defesas penais, mas para o trabalho, sobretudo oral, das alegações dos advogados.

---

[133] Aliás, tópicos poderosíssimos em Direito: cf., por todos, PHILIP K. HOWARD, *The Death of Common Sense. How Law is Suffocating America*, Nova Iorque, Random House, 1994. Cf. ainda o discurso ideológico da "naturalidade" designadamente em ROLAND BARTHES, *Mythologies*, Paris, Seuil, 1957, trad. port. prefácio de JOSÉ AUGUSTO SEABRA, *Mitologias*, Lisboa, Edições 70, 1978, p. 206 ss.; JOHN FISKE, *Introduction to Communication Studies*, trad. port. de MARIA GABRIEL ROCHA ALVES, *Teoria da Comunicação*, 5ª ed., Porto, Asa, 1999, p. 223. Cf. PAULO FERREIRA DA CUNHA, *Desvendar o Direito*, em preparação.

[134] Designadamente afirma MICHEL VILLEY, *[Précis de] Philosophie du Droit*, I, 3ª ed., Paris, Dalloz, 1982, p. 84: "Le seul droit parfait est le droit civil". Cf. ainda, com alguma ironia relativamente às disputas quanto ao «ramo mais importante» do Direito, PAULO FERREIRA DA CUNHA, *The Value of Juridical Sciences – by "Aquinas"... translated from the "Latin manuscript" by Paulo Ferreira da Cunha*, in *Short Studies on Philosophy & Education*, colecção Videtur, Libro 7, São Paulo, CEAr/DLO/FFLCHUSP, Editora Mandruvá, 2000, p. 65 ss..

[135] Cf., *v.g.*, HENRI ROBERT, *Les Grands Procès de l'Histoire*, trad. port. de J. Costa Neves e Leonel Vallandro, *Os Grandes Processos da História*, trad. port. Lisboa, Livros do Brasil, s/d (vários volumes). E veja-se, ainda título de exemplo, o invulgar sucesso editorial entre nós dos discursos forenses de um HENRIQUE FERRI, *Discursos de Defesa (Defesas Penais)*, trad. port. de Fernando de Miranda, 6ª ed., Coimbra, Arménio Amado, s.d.; Idem, *Discursos de Acusação (Ao lado das Vítimas)*, trad. port. de Fernando de Miranda, 5ª ed., Coimbra, Arménio Amado, s.d..

SENTIDOS DA RETÓRICA JURÍDICA

Há tópica em momentos não argumentativos ou persuasórios: tópica de construção das ideias, que não é ainda retórica. Por exemplo, na pura e simples construção de uma teoria jurídica doutrinal, ou na elaboração, ainda sem especiais preocupações de legitimação, de um normativo. Essa tópica não será Retórica Jurídica em sentido estrito.

Há dialética nos debates parlamentares em que, por exemplo, se esgrime por uma lei, e há-a, evidentemente, se considerarmos os discursos e as intervenções forenses dos causídicos em diálogo. Aqui é mais complicado negar que nesta dialética geral não haja retórica particular de cada interveniente, especialmente da "acusação" e da "defesa".

Capítulo II
Retóricas, Tópica e Dialética Jurídicas

Precisamos, pois, de ter algumas ideias minimamente claras sobre afinal quatro conceitos: Retórica Jurídica em sentido lato, Retórica Jurídica em sentido estrito, Tópica Jurídica e Dialética Jurídica.

O conceito mais vasto afigura-se-nos ser, naturalmente, o de Retórica jurídica em sentido lato. Aqui se compreende, como vimos, não apenas a Tópica e a Dialética jurídicas, como toda a forma de expressão persuasiva ou ritualística: desde a palavra, à organização dos espaços (arquiteturas[136]), aos símbolos, aos adereços.

Em segundo lugar, parece que o estudo da Dialética Jurídica, englobando o estudo dinâmico de todos os discursos dialogais (ou monólogos justapostos que formam um diálogo "virtual"), conterá a Retórica Jurídica em sentido estrito, indo para além dela, por esta ser mais unilateral ou monologante.

Depois, a Retórica Jurídica em sentido estrito contém a tópica, pelo menos naquela medida em que a tópica seja de índole forense.

A Tópica é o arsenal de ideias e de argumentos com que, por um lado, pensamos e organizamos o nosso pensamento, e, por outro, nos preparamos para as batalhas solitárias de convencer um público (Retórica) ou vencer um adversário (Dialética).

Há, porém, usos muito diferentes da articulação dos três conceitos – Tópica, Retórica e Dialética –, ou melhor, da ligação dos conceitos às

---

[136] Cf. Fernando Távora, *Da Organização do Espaço*, 4ª ed., Porto, Faculdade de Arquitectura da Universidade do Porto, 1999.

palavras. Tal ocorre mercê da imbricação desses três principais conceitos básicos, e muito também, em certos casos, em razão do descrédito da conotação da palavra retórica, que passou a significar, como sabemos, mero engodo verbal, facúndia oratória, e, no limite, ausência de ideias e ações escondida por belas palavras, mas palavras mais ou menos barrocas ou gongóricas.

Assim, não é nada inusual que qualquer dos três vocábulos acabe por ser apresentado com um sentido que acaba, de algum modo, por englobar os outros dois. Nem sempre de uma forma evidente e explícita... Mas subliminar.

Não se trata, normalmente, de uma absorção por expansão epistemológica territorial, mas mais de uma deslocação "interessada" e localizada do ponto de vista. Quando se pensa, ou se concede à voz corrente que a Retórica é um discurso vago, vão, ou enganador...então as palavras Tópica ou a Dialética ganham como candidatas a expressões mais dignas, menos usadas, menos polémicas, para designar... muitas vezes o que a expressão Retórica poderia legitimamente (historicamente) representar.

Três exemplos de três grandes nomes nos bastem.

Perelman prefere retórica, mas acaba por designá-la, rebaptizá-la, chamando-lhe "nova retórica"[137]. Nova porquê? Nova talvez sobretudo a redescoberta... mas redescoberta de coisa velha *rectius*: clássica. Nova decerto para que não fosse assimilada a coisas velhas, a velharias. Afinal, *nova et vetera*... melhor: *vetera semper nova*.

Villey ao nome Retórica prefere o de Dialética[138]. Não lhe falta, evidentemente, formação clássica, nem filosófica, nem literária. Mas

---

[137] O grande autor desta corrente é Perelman. Cf. CHAÏM PERELMAN, *Ethique et Droit*, Ed. Univ. Bruxelles, Bruxelles, 1990; Idem, *L'usage et l'abus des notions confuses*, in "Logique et analyse", n.º 81, mars 1978; Idem, *O Império Retórico. Retórica e Argumentação*, trad. port. de Fernando Trindade e Rui Alexandre Grácio, Porto, Asa, 1993; Idem, colab. L. Olbrechts-Tyteca, *Traité de l'argumentation. La nouvelle rhétorique*, 4ª ed., Bruxelles, Univ. Bruxelles, 1983; Idem, *Rhetoriques*, Bruxelles, Editions de l'Université de Bruxelles, 1989; Idem, *Logique Juridique, Nouvelle Rhétorique*, Paris, Dalloz, 1976.

[138] MICHEL VILLEY, *Préface* a *Littératures contemporaines sur la 'Topique Juridique'*, de Peter Degadt, Paris, P.U.F., 1981, página sem número; Idem, "Nouvelle rhétorique et droit naturel", in *Critique de la pensée juridique moderne*, Paris, Dalloz, 1976, p. 85 ss..

mesmo nos seus cadernos póstumos (e tal pode pensar-se que revelará as ideias mais íntimas, menos elaboradas para um público...) a prevalente significação que retórica adquire é a comum: um discursos vazio, enfatuado, de ilegítima persuasão[139]. A mesma ideia seria enfatizada num relevante estudo de conjunto sobre o autor[140].

Francisco Puy prefere a Tópica como elemento aglutinador das suas reflexões, e assim intitula as suas monumentais lições.

Embora, em rigor, se nos afigure que a Retórica abarca todas as demais na perspetiva lata, e a Dialética a Retórica em sentido estrito e a Tópica, e a Retórica em sentido estrito tenha de conter uma Tópica, compreende-se que quer a Tópica quer a Dialética se elevem, e se destaquem.

---

[139] MICHEL VILLEY, *Réflexions sur la Philosophie et le Droit. Les Carnets*, Paris, P.U.F., 1995, *passim* (cf. índice temático, p. 534).
[140] STÉPHANE BAUZON, *Il Mestiere del Giurista. Il Diritto Politico nella Prospettiva di Michel Villey*, Università degli Studi di Roma "Tor Vergata", Publicazioni della Facoltà di Giurisprudenza, Milão, Giuffrè, 2001, máx. p. 200 ss..

Capítulo III
Da Dialética

1. Porquê e como o primado da Dialética?

Quando se destaca a Dialética, parece-nos ser sobretudo porque se quer pôr em relevo o carácter agonístico, dialógico, triangular e processual *hoc sensu* do Direito. Não há Direito se não houver um litígio – afirmam alguns. Não há Direito se não houver um terceiro imparcial – dizem outros. Dar relevo à Dialética no Direito é sobretudo privilegiar o diálogo, em certo detrimento da pura emissão monologal persuasória e dos simples argumentos ou lugares comuns usados para pensar ou para convencer.

2. Que Dialética?

O nosso grande inspirador para a perspetiva que privilegia a dialética é, nos nossos dias, Michel Villey. Com o seu pensamento dialogaremos sucintamente agora.

Estamos habituados a identificar dialética com Hegel e com Marx[141], e temos normalmente uma ideia muito vaga das diferenças de tais empreendimentos relativamente aos dos antigos Gregos. Mas seria preciso recuperar não só o sentido como a prática da dialética clássica[142].

---

[141] Sobre a unidade destas dialéticas, *v.g.*, ALEXANDRE MARC, *De la Méthodologie à la Dialectique*, Paris, Presses D'Europe, 1970, máx. p. 82 ss..

[142] Cf., por todos, ENRICO RAMBALDI, *Dialéctica*, in "Enciclopédia (Einaudi)", vol. X, edição portuguesa, Lisboa, Imprensa Nacional – Casa da Moeda, 1998, p. 84 ss.; LIVIO

Com Villey, retomemos o sentido etimológico original da palavra dialética, como "arte da discussão bem organizada"[143]. A dialética é concebida, assim (tal como veremos de seguida, curiosamente, sintomaticamente, para a Tópica também), e desde logo, como uma *arte*, e também como um *método*. Um método que não é apenas jurídico, pois nasceu com a Filosofia, mas que assumiu no Direito um lugar especial, passando a ser *o método* especificamente jurídico.

3. Vicissitudes metodológicas

Evidentemente que essa metodologia dialética própria do Direito, que os Romanos fixaram, seria ulteriormente posta em causa.

Primeiro, pela degenerescência do Direito Romano, que culminaria num relativo regresso a uma síncrise normativa, por muitos séculos ainda da Idade Média, em que prevaleceu a anexação do Direito pela Religião e pela Moral, com a prevalência da "justiça bíblica"[144]. Depois, e após o luminoso interregno da reabilitação da autonomia do jurídico devida a Tomás de Aquino, a ascensão do nominalismo contra o realismo haveria de ter repercussões de monta também na teoria jurídica (designadamente com o cunhar da categoria do direito subjectivo, que virá, efetivamente, substituir as perspetivas objetivistas do Direito). Da aplicação desse nominalismo às ciências físicas, e da exportação dos paradigmas destas para as ciências sociais e humanas (designadamente do método de *vai-vém* análise-sintese, ou decompositivo-reconstitutivo) resultará certamente algo do atomismo social, do individualismo, e em Direito e Filosofia política, o mito do contrato social e o voluntarismo

---

SICHIROLLO, *Dialéctica*, cit.; PAUL FOULQUIÉ, *La Dialéctique*, Paris, PUF, 1949, trad. port. de Luís A Caeiro, *A Dialéctica*, 2ª ed., Mem Martins, Europa-América, 1974, máx. pp. 9-26. V. ainda "Dialéctica" *in* ANDRÉ LALANDE (dir.), *Vocabulaire Technique et Critique de la Philosophie*, Paris, P.U.F., trad. port. coord. por António Manuel Magalhães, *Vocabulário – técnico e crítico – da Filosofia*, Porto, Rés, s/d, 2 vols., vol. I, p. 300 ss.. Especificamente para a Dialética no Direito, v., por todos, os *Archives de Philosophie du Droit*, Paris, Sirey, 1984, t. XXIX – dedicado a «Dialogue, dialectique en philosophie du droit».

[143] MICHEL VILLEY, *[Précis de] Philosophie du Droit*, I, p. 43 (§ 24).

[144] *Ibidem*, I, p. 105 ss. (§ 55 ss.).

DA DIALÉTICA

jurídico e político[145], as teorias do consenso, etc. Que têm versões positivas e negativas, não se podendo julgar globalmente, em todas as suas versões.

A modernidade mudou por completo a metodologia jurídica. Haverá possibilidade ainda de retomar o sonho de uma pós-modernidade capaz de ir além da crítica aguda e arguta e do demolir sem propor uma alternativa não pulverizadora? Mas a crise da modernidade jurídica, ou tardo-modernidade, não deixa de ter a virtualidade de pôr em causa as verdades feitas de métodos que têm dogmatizado o Direito, e, em alguns casos, já se pôde investigar o passado clássico e recuperar algum do tempo perdido, ou transviado[146]. E sobretudo há que seguir em frente, com passo bem firmado e prudente resolução.

4. Acordo e Desacordo em Filosofia e em Direito

Tal como na Filosofia se não pode partir de verdades absolutas, mas apenas do acordo mínimo que permita discutir, também no Direito se parte de opiniões que têm de ser testadas pelo confronto, dentro de certas regras, e com base numa base de concordância das partes[147]. A diferença é que todas as filosofia são de todos os tempos, e não há juiz que decida da maior probabilidade de umas face a outras, fazendo caso julgado. A Filosofia prossegue o seu colóquio contínuo, numa grande conversa sem fim[148]. Já o Direito, a que os romanos chamavam filosofia prática (por alguma razão esta analogia), não pode dar-se ao

---

[145] Cf. JUAN VALLET DE GOYTISOLLO, *A Encruzilhada Metodológica Jurídica no Renascimento, a Reforma, a Contra-Reforma*, máx. p. 13 ss., e especialmente pp. 36-37.

[146] Uma nova crítica do dogmatismo se pode ver *in* JOÃO MAURÍCIO ADEODATO, *Ética e Retórica. Para uma Teoria da Dogmática Jurídica*, 3ª ed rev. e ampliada, São Paulo, Saraiva, 2007, máx. p. 141 ss..

[147] Sobre o acordo, cf., no terreno retórico, por todos, CHAIM PERELMAN (com a colab. L. Olbrechts-Tyteca), *Traité de l'argumentation. La nouvelle rhétorique*, 4ª ed., Bruxelas, Univers. Bruxelas, 1983, p. 87 ss..

[148] MORTIMER ADLER, *The Great Conversation*, 2ª ed., 5ª imp., Chicago *et al.*, Encyclopædia Britannica, 1994.

INICIAÇÃO À METODOLOGIA JURÍDICA

luxo do *non liquet*[149] ou da redução eidética, nem sequer do reatar contínuo das discussões. Há que estabelecer alguma paz social e certeza nas relações jurídicas, estabelecendo o juiz a versão que acolhe: a de uma parte ou uma sua própria. O Direito persegue, evidentemente, a Justiça, e o fim da arte jurídica não é outro senão a Justiça. Simplesmente, e ao arrepio de quaisquer idealismos ou dogmatismos sobre o que seja a Justiça, ela é sempre fugidia, e não se consegue senão fazer, em cada tempo e lugar, a Justiça possível, a Justiça plausível, resultante da convicção do juiz ante os parâmetros tópicos em presença, quer os gerais do sistema jurídico (desde logo a lei, mas não só), quer os particulares do caso concreto, carreados pelos intervenientes no processo. Por isso, sempre é válida a velha máxima de Ulpianus que considera a Justiça "constante e perpétua vontade"... o que verdadeiramente a capta no seu modo-de-ser não fixista, mas dinâmico. E a função essencial do discurso jurídico, de todo o discurso jurídico, ou pelo menos o fim para que sempre deve tender, é o de dizer o que é de cada um[150], para que se possa atribuir a cada um o que é seu (*suum cuique*) Com todas as dificuldades conhecidas deste postulado. Mas com a consciência de que há alternativas pouco convincentes.

5. Dialética e Direito Natural

Uma relação algo insuspeitada mas fundamental para a determinação do justo (e do justo concreto, não de qualquer justo abstrato) é a que se estabelece entre dialética e Direito Natural.

Para quem conceba o Direito Natural de uma forma estática, espécie de catálogo ou decálogo por detrás da legislação, ou seja, quem tenha uma visão afinal *jusnaturalista positivista* –, esta relação com a dialética não terá qualquer sentido. Mas a verdade é que, ao invés dessa orientação, o Direito Natural pode ser encarado de forma dinâmica (sem

---

[149] Um interessantíssimo caso de *non liquet* numa re-criação mito-canónica ficcional de uma estória forense romana pode colher-se em JOSÉ CALVO, *La Justicia como Relato. Ensayo de una Semionarrativa sobre los Jueces*, 2ª ed., Málaga, Ágora, 2002, pp. 63-67.
[150] Expressamente neste sentido, MICHEL VILLEY, *De L'Indicatif dans le droit*, in «Archives de Philosophie du Droit», XIX, Paris, Sirey, 1974, p. 44.

DA DIALÉTICA

prejuízo de se lhe reconhecer um cerne imutável – pelo que poderá eventualmente ver-se traduzível em princípios ou princípios "atrás de princípios" e acima deles[151]). Numa perspetiva dinâmica, clássica, realista e não dogmática e normativista, o Direito Natural será essencialmente um método[152] de alcançar as soluções justas, e, nessa medida, vedado que lhe fica, pela natureza das coisas, fazer apelo a procedimentos dogmáticos, não poderá deixar de procurar o justo senão pelas vias da dialética[153].

A união entre Direito Natural e Dialética não é, porém, um simples artifício teórico. Veja-se, por exemplo, a magnífica fusão de ambos os elementos na teorização do Direito e da Justiça na *Summa Theologiæ* de Tomás de Aquino[154]. Nos nossos dias, a conotação de Direito Natural ainda não recuperou de algum descrédito e ceticismo que sobretudo os exageros logográficos (verbalistas) e alguns aproveitamentos ideológicos lhe valeram. Mas foi o jusnaturalismo que efetivamente emergiu, como solução fundamentada e eticamente sustentável depois da barbárie nazi. Sem o apelo ao Direito Natural ou a algo de semelhante teria sido impossível julgar legitimamente os crimes cometidos em nome da lei positiva[155].

---

[151] PAULO FERREIRA DA CUNHA, *Direito Constitucional*, Geral, 2ª ed., p. 392 ss..

[152] MICHEL VILLEY, *Abrégé de droit naturel classique*, in "Archives de Philosophie du Droit", VI, Paris, Sirey, 1961, pp. 25-72, recolhido in *Leçons D'Histoire de la Philosophie du Droit*, nova ed., Paris, Dalloz, 1962, p. 146.

[153] Cf. PAULO FERREIRA DA CUNHA, in *Lições de Filosofia Jurídica. Natureza & Arte do Direito*, máx. pp. 15-122.

[154] Cf. um notável eco desse labor de síntese na análise da questão da propriedade na tese de FRANÇOIS VALLANÇON, *Domaine et Propriété (Glose sur Saint Thomas D'Aquin, Somme Theologique IIA IIÆ QU 66 ART 1 et 2)*, Université de Droit et Economie et de Sciences Sociales de Paris (Paris II), Paris, 1985, 3 vols.. Em geral, cf. MICHEL VILLEY, *Questions de St. Thomas sur le droit et la politique ou le bon usage des dialogues*, Paris, P.U.F., 1987. V. ainda o também já clássico GIUSEPPE GRANERIS, *Contribución tomista a la filosofía del derecho*, trad. cast. de Celina Ana Lértora Mendoza, Buenos Aires, Editorial Universitaria de Buenos Aires, 1973.

[155] Cf., todavia, outras perspectivas in CARLOS SANTIAGO NINO, *Introducción al Análisis del Derecho*, 1ª ed. esp., Barcelona, Ariel, 1983, pp. 18-28.

Por isso, o Direito Natural recuperou justamente o seu prestígio depois da II Guerra Mundial[156], e não poucas conversões a tal perspetiva se viriam a verificar. Todavia, ainda existe muito caminho a percorrer, sobretudo no reencontro do método e da substância, da dialética e do conteúdo do Direito Natural.

Há na nossa contemporaneidade obstáculos sobretudo conotativos ao pleno renascimento do Direito Natural: sobretudo porque é assimilado ora ao pensamento confessional, ora ao pensamento racionalista (depende dos livros que se leram), ora à Revolução Francesa, ora a certos conservadorismos e até ditaduras que o utilizaram *pro domo*. Mas uma coisa foram os usos, nem sempre legítimos, do Direito Natural, e outra as suas virtualidades teórica e prática.

Contudo, dada a presente crise efetiva do Direito Natural[157], uma via alternativa, mais consentânea com a linguagem do nosso tempo, é efetivamente a da invocação da Justiça. Estamos num tempo de *Teorias da Justiça*! E de *Direitos Humanos*!

---

[156] Cf., por todos, o importante testemunho (dirigido aos estudantes de Heidelberg no fim da II Guerra) de GUSTAV RADBRUCH, "Cinco Minutos de Filosofia do Direito", in *Filosofia do Direito*, 4ª ed. revista e acrescida dos últimos pensamentos do autor, trad. e prefácios do Prof. L. Cabral de Moncada, Coimbra, Arménio Amado, 1961, vol. II, p. 211 ss..

[157] Sobre o estado do problema, e da nossa reflexão a seu propósito, cf. PAULO FERREIRA DA CUNHA, *Filosofia do Direito*, 2ª ed., Coimbra, Almedina, 2013; Idem, *Rethinking Natural Law*, Berlin/Heidelberg, Springer, 2013; Idem, *Droit Natural est méthodologie juridique*, Paris, Buenos Books International, 2012.

Capítulo IV
Da Tópica

1. Porquê o primado da Tópica?

Quando se destaca a Tópica de entre os conceitos em apreço, é sobretudo o arsenal do pensamento e da argumentação que se põe em relevo. Porque esse arsenal é comum quer ao diálogo argumentativo quer ao monólogo persuasivo. A Tópica acaba por ser encarada como a base de ambas, e afinal Retórica e Dialética seriam uma espécie de Janus bifronte, com uma face dialogando e outra discursando apenas.

2. Sentidos da Tópica

Mais ainda do que a Dialética, sempre muito ferida dessa incomodidade de vizinhanças conotativas que lhe perturbam o sentido[158], a Tópica está apta a conter em si própria um conjunto muito significativo de sentidos. Para seguirmos (sintetizando, reescrevendo, dialogando com) o catálogo de Francisco Puy[159], refiramos que a própria Tópica Jurídica pode ser entendida como:

---

[158] Sobre uma certa desconfiança face à expressão "dialética" nos países francófonos e anglófonos, Chaïm Perelman, *Rhetoriques*, Bruxelles, Editions de l'Université de Bruxelles, 1989, p. 9 et suiv..

[159] FRANCISCO PUY, «Tópica Juridica», in *Manual de Filosofía del Derecho*, coord. Francisco Puy Muñoz e Ángeles López Moreno, Madrid, Colex, 2000, p. 418 ss.. A reinterpretação dos sentidos é da nossa responsabilidade, embora inspirada no autor.

1. *Um Catálogo*:

Um rol de tópicos, repertório, acervo de dados jurídicos, que podem ser de muitos e variados tipos, e com as mais diferentes funções. É um sentido ainda "pobre".

2. *Uma Arte*:

Um arte argumentativa, utilizando postulados (*loci comunes, topoi...*) tidos como elementos de persuasão das partes envolvidas.

3. *Um Método*:

Precisamente o método de, a partir da formação de um consenso entre os intervenientes na questão, fundada em princípios resultantes da experiência, encontrar soluções racionais para os problemas jurídicos sem olvidar os casos concretos; isto é, em certo sentido, é uma metodologia de equidade sem ser uma pura casuística.

4. *Uma Doutrina*:

Uma teorização e perspetiva de organização dos lugares comuns (experiências e valorações) considerados adquiridos na comunidade, especificamente na comunidade jurídica, ou científico-congregacional do Direito.

5. *Posições ecléticas e posições puristas* (reducionistas):

Há ainda quem adote várias ou todas das perspetivas enunciadas, e quem, mesmo no seio de cada uma, assuma posicionamentos muito estritos. A verdade, porém, é que a Tópica é una e plural, em todas as tópicas existentes. E pode até dizer-se ser uma atitude anti-tópica essa do postular uma perspetiva dogmática sobre o que deva ser, muito delimitadamente, a própria tópica.

Pessoalmente, não damos igual relevância a todas estas perspetivas. Por exemplo, afigura-se-nos muito mais importante considerar a Tópica como um método e como uma arte que como um simples catálogo.

E afirmá-la como uma doutrina é sem dúvida nobre, e verdadeiro (sobretudo face à doutrina dogmática), mas pode muito mais facilmente ser contestado precisamente pelos dogmáticos. Digamos que há um sentido "central", mediano, e de algum modo consensual sobre o que possa ser a Tópica – arte e método. E que a redução da mesma a um catálogo ou a sua elevação a uma teoria ou doutrina correspondem, respetivamente, a um certo apoucamento e a determinada elevação da mesma. Mas a tópica continua sendo tudo isso.

3. Diferentes Tópicas Jurídicas

Como sugerimos já *supra*, para a Retórica, também no domínio da Tópica se pode fazer uma muito vasta extensão do objeto. Assim, e continuando inspirado por Francisco Puy, não há dúvida de que pode haver várias tópicas jurídicas, sobretudo relacionadas com diversos modos normogenéticos (sobretudo fontes do Direito) e com manifestações do Direito em geral. Assim:

A – Tópicas Jurídicas Epistemicamente centradas no Direito

1. *Tópica jurídica doutrinal*:

Tópica jurídica doutrinal é a tópica jurídica presente e derivada dos escritos dos jurisconsultos, jurisprudentes. Em grande medida o que está em causa nesta espécie é o problema da *auctoritas*, uma vez que já não existe o *ius publicæ respondendi* ou qualquer forma de relevância da doutrina como explícita fonte imediata do Direito.

2. *Tópica jurídica legal*:

Tópica jurídica legal é a tópica jurídica presente e derivada dos textos legais, desde os trabalhos preparatórios até à interpretação da norma pelo juiz ou aplicador da norma (quando ela vem efetivamente à vida, como quer um velho mito jurídico britânico). A importância desta espécie é evidente. Em muitas perspetivas, latamente designáveis por positivistas legalistas, a lei ou a norma, em geral, é o único tópico invocável, e univocamente utilizado. Por outro lado, contra tal tópico ergue-se não raro o brocardo decisivo (mas um brocardo da decadência romana): *dura lex, sed lex*. Em grande medida, poderia dizer-se que a *démarche* tópica em geral esgrime contra este tópico avassalador. A tópica é normalmente pouco legalista.

3. *Tópica jurídica judicial* (ou jurisprudencial):

A tópica jurídica judicial ou jurisprudencial é a tópica jurídica que decorre do labor doutrinal dos juízes no exercício do seu *munus* próprio. É uma forma de tópica doutrinal, mas dotada de uma *auctoritas* especial, e com carácter mais específico que a tópica jurídica doutrinal, porquanto diretamente se revela a partir de casos concretos. Na verdade, esta tópica tem um valor persuasivo geral muito grande, porque as sentenças são, nos nossos sistemas jurídicos, a última palavra teórica (cumpre depois cumpri-las) sobre o justo e o injusto. A tópica é normalmente judicialista, não normativista.

4. *Tópica jurídica historiográfica*

A tópica jurídica historiográfica é a tópica jurídica do passado, seja qual for a fonte concreta, e contida em documento historiográficos de índole jurídica. É um importante repositório de lições, e, apesar da falta de vigência das suas normas, possui uma especial *auctoritas* que vem não só da vetustez, como da adequação, subtileza e engenho práticos das soluções. Nesta tópica, o velho direito nacional de cada país inflama a costela nacionalista, e o Direito Romano apela para um mito de direito "quase perfeito", numa perdida idade do oiro da juridicidade. A tópica invoca a memória.

Evidentemente, a capacidade e alcance persuasivos de tópicas como esta dependem da afeição que uma sociedade tenha (ou não) pela tradição, pelo passado, etc. As nossas hodiernas sociedades são mais ou menos amnésicas. Pelo que a invocação de tópicos históricos acaba, em muitos casos, por ser contraproducente. Pelo contrário, a comunicação social martela a excelência da "novidade", e, obviamente, da *moda*. Ainda que se não fale explicitamente nesta.

B – Tópicas Jurídicas Epistemicamente exógenas à *Scientia Ivridica*

Faz todo o sentido apelar para tópicas jurídicas exteriores à Arte do Direito. Na verdade, apesar de a perspetiva tradicional acreditar que os argumentos persuasores de quem decide e quem observa a questões jurídicas são estritamente jurídicos, o certo é que nos vamos afastando cada vez mais desse paradigma. E vamos reconhecendo que o depósito de tópicos estritamente jurídicos não chega para firmar profundas convicções (quiçá as mais profundas de todas), as quais depois, é certo, acabarão por assumir forma numa linguagem jurídica.

A premissa que alguns têm como fundante dos estudos críticos[160] já foi assim sintetizada:

> "The starting point of critical theory is that legal reasoning does not provide concrete, real answers to particular legal or social problems... The ultimate basis for a decision is a social and political judgment incorporating a variety of factors... The decision is not based on, or determined by, legal reasoning"[161].

E afigura-se-nos perfeitamente adequada.

Por isso consideramos da maior importância o estudo dos tópicos extrajurídicos, que, em grande medida, podem ser até mais profundamente importantes que os jurídicos, os quais não raro funcionam como cortina de fumo para esconder opções bem mais passionais e não submetidas à rigorosa lógica da doutrina clássica, sobretudo a dogmática e sistemática.

---

[160] Para esta corrente, consultar, *v.g.*, IAN WARD, *Introduction to Critical Legal Theory*, 2ª ed., Nova Iorque *et. al.*, Routledge/Cavendish, 2004; WADE MANSELL *et. al.*, *A critical Introduction to Law*, 3ª ed, Londres *et al.*, Cavendish, 2004; COSTAS DOUZINAS/ADAM GEAREY, *Critical Jurisprudence. The Political Philosophy of Justice*, Oxford/Portland Oregon, Hart Publishing, 2005.

[161] DANIEL A FARBER / SUZANNA SHERRY, *Legal Storytelling and Constitutional Law. The Medium and the Message*, in *Law Stories. Narrative and Rhetoric in the Law*, ed. por PETER BROOKS/PAUL GEWIRTZ, New Haven e Londres, Yale University Press, 1996, p. 39, remetendo-nos para DAVID KAIRYS, *Law and Politics*, 52, "George Washington Review", 243, 244, 247 (1984).

INICIAÇÃO À METODOLOGIA JURÍDICA

Não podemos ficar indiferentes a esta situação, que coloca muitos problemas práticos, e não poucas questões teóricas de implicações muito gerais.

Na verdade, poderá de algum modo parecer que, de acordo com a perspetiva que vimos desenvolvendo, o ideal seria um tal *Isolierung* do Direito que se encontrasse plenamente imune às determinações políticas, míticas, religiosas, éticas, morais, ideológicas, filosóficas, etc., que lhe veem do exterior.

Mas não é assim. Além de estarmos agora a estudar simplesmente algumas formas do *ser* e não o *dever-ser* do Direito, mesmo numa perspetiva de indagação do *sollen* teríamos de ponderar sobre esta questão. Não parece exequível, nem sequer desejável, um Direito por completo "purificado" ao ponto de não tomar em conta esse "mundo lá fora" que, como diz o poeta, "pula, e avança"... O que, isso sim, se pode e deveria exigir, seria uma espécie de passaporte, salvo-conduto ou livre--trânsito que permitisse ao Direito receber essas influências de forma pensada, e não se submetesse, sem mais, a todas as modas que os *opinion makers* lhe pretendem impor. O Direito deve filtrar o real, não ignorá-lo. E filtrar também, nesse real, os dados e sobretudo os conceitos (e preconceitos) de outras racionalidades, experiências, saberes e "fazeres". Com alguns, tem muito a aprender. Com outros, nem tanto, pois se lhe não adequam.

Obviamente que a metáfora alfandegária tem de ser entendida em termos hábeis, e ninguém nega que o jurista é homem, e, como tal, está permanentemente submetido à influência do que não é jurídico. Evidentemente. Do que se trata é só de não ser *naïf*. De não ser sobretudo fascinado com as maravilhas "do resto", quantas vezes copiadas já de velhos paradigmas do próprio Direito (que exportou para tantos quadrantes, quer para a Teologia como para a Geometria[162]) novidades que,

---

[162] Nas ciências, MICHEL SERRES, *Le contrat naturel*, Paris, François Bourin, 1990, p. 87 ss.; Idem, *Les origines de la géométrie*, Paris, Flammarion, 1993, trad. port. de Ana Simões e Maria da Graça Pinhão, *As Origens da Geometria*, Lisboa, Terramar, 1997, máx. p. 61 ss.. E PAULO FERREIRA DA CUNHA, *Jus et Humanitas*, in "Fides. Direito e Humanidades", II, Porto, 1992, p. 7 ss..

DA TÓPICA

quantas vezes, são só fogo de vista. E de não ser burocrata da coação, sempre cumprindo ordens dos poderes.

E, como sempre, estas teses não podem ser subvertidas nem exageradas, descontextualizadas do seu verdadeiro sentido. Nem o jurista deve desprezar o novo, nem ser sistemático opositor de todo o mando. *Est modus in rebus.*

Essa maldição de Midas, relatada aliás por Kelsen[163], segundo a qual o Direito transforma em coisas jurídicas tudo aquilo em que toca, teria, assim, de ser sabiamente utilizada. Não para receber, tornando jurídico (ou tornando lícito ou ilícito) tudo o que lhe vem. Mas para a tudo aplicar os seus critérios, que, se bem entendidos, contêm uma filosofia, e até as bases (muito latas, é certo) de uma filosofia política. Não em vão chamaram os Romanos aos juristas "verdadeiros filósofos".

Passemos, pois, a uma possível estruturação desses tópicos viajantes que nos chegam e tanto nos seduzem:

5. Tópica jurídica mediática:

A tópica jurídica mediática é a tópica jurídica que está presente e promana de quaisquer meios de comunicação social, não especificamente jurídicos, constituindo uma espécie de *vox populi* ou opinião pública ou profana (porque provinda de não juristas) ou de divulgação. Em todo o caso, é o espelho profano ou *ad usum*, do mundo jurídico. Nos nossos dias é cada vez maior a intromissão de *opinion makers* sem formação jurídica e de simples *espontâneos* em questões de direito e justiça. Se essa democratização do discurso por vezes nos revela realidades insuspeitadas ou caladas, não apercebidas ou incómodas na casa do Direito, vezes demais se está perante discursos interessados, hiperideologizados (ainda que por vezes sincréticos e subtis), que não têm a menor ideia da singularidade, das forças e fraquezas do Direito e normalmente o identificam, nos seus pré-conceitos, com uma simples gramática do poder e técnica de coação.

---

[163] HANS KELSEN, *Reine Rechtslehre*, trad. port. e prefácio de João Baptista Machado, *Teoria Pura do Direito*, 4ª ed. port., Coimbra, Arménio Amado, 1976, p. 376.

6. Tópica jurídica literária:

A tópica jurídica literária é a tópica jurídica contida e decorrente de obras de ficção literária (em qualquer género), que decorre da efabulação do real, da sua metamorfose, ou da proposta ou descrição de utopias. Estas últimas, designadamente, entretecem com a realidade jurídica relações por vezes insuspeitadas, na medida em que podem ser terreno de experiência teórica, meio de propaganda de soluções *de iure constituendo*, ou espelho crítico do existente de *iure constituto* (sobretudo no caso das distopias ou utopias negativas). Além disso, podendo parecer que a tópica literária não tem grande valor num domínio cada vez mais dado ao tecnicismo, como o jurídico, ocorre precisamente o contrário: a bela frase é veículo preferencial para a ideia. A efabulação é, de todo o modo, adjuvante de peso da transmissão de uma ideia: e atualmente avulta a importância, até ideológica, do *legal Storytelling*. Como veremos. E ainda hoje, tal como Aristóteles, continuamos a citar Sófocles e a sua *Antígona* para falar de leis injustas e de direito natural, mesmo que a decisão de Creonte não tenha sido um ato legislativo e mesmo que, em rigor, talvez se não tenha tratado de direito natural, mas de direito positivo ou de regras religiosas[164]. Há ainda casos de perfeição ou quase-perfeição na estilização literária de certos tipos jurídicos ou na denúncia de certos erros, excessos, injustiças. A mania da litigiosidade em *Les Plaideurs*, de Racine[165], a morosidade dos pro-

---

[164] Sobre tópico «Antígona», em geral, além da peça clássica de SÓFOCLES, JOAQUÍN GARCÍA-HUIDOBRO, "Antígona: el descubrimiento del límite", in *Naturaleza y Politica*, Valparaiso, EDEVAL, 1997; Idem, "Los Arquetipos humanos en Antígona", in *Filosofía y Retórica Del Iusnaturalismo*: http://www.bibliojuridica.org/libros/1/381/3.pdf; JAVIER HERVADA/Juan ANDRES MUÑOZ, *Derecho. Guía de los Estudios Universitarios*, Pamplona, EUNSA, 1984, p. 149 ss. (Há ed. port., Porto, Rés, s/d); GEORGE STEINER, *Antígonas*, trad. port., Lisboa, Relógio D'Água, 1995; STAMATIOS TZITZIS, *La Philosophie Pénale*, Paris, P.U.F., 1996, máx. p. 69 ss.; GILDA NAÉCIA MACIEL DE BARROS, *Agraphoi Nomoi* - http://www.hottopos.com/notand3/agrafoi.htm"». MARIE-FRANÇOISE MINAUD, *Étude sur Antigone*, Paris, Ellipses, 2007; YVES LEMOINE/JEAN-PIERRE MIGNARD, *Le Défi d'Antigone. Promenade parmi des figures du droit natural*, Paris, Michel de Maule, 2012.
[165] RACINE, *Les Plaideurs* (*v.g. in* ed. *Théâtre Complet*, texte établi, avec préface, notices et notes par Maurice Rat, Paris, Garnier, 1960, p. 179 ss.)

cessos em *Bleak House*, de Charles Dickens[166], o advogado de sucesso mas sem convicções, em *A Queda*, a relação entre política e direito em *Os Justos* e o fim da juridicidade pela arbitrariedade de um déspota em *Calígula*, todos os três de Albert Camus[167], a subtileza da argumentação jurídica contra um litigante de má fé, em *O Mercador de Veneza*, de Shakespeare[168], as relações entre ideologia, paixão e crime, n'*As Mãos Sujas*, de Sartre[169], o problema da culpa e do remorso em *Crime e Castigo* de Dostoievski[170], de novo a culpa (ou a sua ausência), a punição e a justiça divina no *Livro de Job*[171], etc., etc..

7. (*Excursus* −) *Legal Storytelling*: uma nova tópica?

Mais recentemente, e sem ligação direta com a *supra*-referida tópica de raiz literária − pelo menos no seu timbre, sentido, intencionalidade e radicação −, surge com alguma importância, sobretudos nos Estados Unidos, e em certo conflito até com os CLS (*Critical Legal Studies*) o movimento contador de estórias legais. A preocupação

---

[166] CHARLES DICKENS, *Bleak House* (ed. de bolso, *v.g.*: Wordsworth Classics, reimp., 1995).

[167] ALBERT CAMUS, *Les Justes, La Chute, Caligula* (as traduções de Camus, em português, encontram-se sobretudo publicadas pela editora Livros do Brasil. D'*A Queda*, há ainda ed. de bolso, Verbo/livros RTP; Edição fr. − na "Bibliothèque de la Pléiade", Paris, Gallimard, em 2 vols.).

[168] WILLIAM SHAKESPEARE, *The Merchant of Venice* (ed. de bolso, bilingue, trad. de D. Luís de Bragança, Publicações Europa América).

[169] JEAN-PAUL SARTRE, *Les mains sales* (*v.g. in* ed. de bolso, com trad. port. de António Coimbra Martins, *As Mãos Sujas*, Lisboa, Europa-América, 1972).

[170] DOSTOIEWSKI, *Crime e Castigo* (ed. port. de bolso: Minerva, 2 vols.; Civilização). Alguma biliografia crítica: por todos, cf. CHRISTIAN TALIN, *Ontologie criminelle chez Dostoïevski*, "Revue Internationale de Philosophie Pénale et de Criminologie de l'Acte, nº 7-8, pp. 7-19; MARLÈNE ZARADER, *La dialectique du crime et du châtiment chez Hegel et Dostoïevski*, "Revue de Métaphysique et de Morale", nº 3, juillet-septembre 1976, Paris, Armand Colin, pp. 350-375.

[171] Alguma bibliografia crítica recente: por todos, cf. DAVID J. A. CLINES, *The Book of Job*, in *The Oxford Companion to the Bible*, ed. by Bruce M. Metzger/Michael D. Coogan, New York/Oxford, Oxford University Press, 1993, p. 368 ss.; Introdução e notas do livro na edição *La Bible de Jérusalem*, 14ª ed., Paris, Cerf, 1994. E especialmente, com abundante bibliografia, o clássico SAMUEL TERRIEN, *Job*, Delachaux & Niestlé, Neuchâtel, 1963.

INICIAÇÃO À METODOLOGIA JURÍDICA

deste movimento é reconhecidamente empenhada no plano ideoló-
gico-político, identificando-se com uma mundividência própria dos
liberals americanos (que, como se sabe, não representam o mesmo que
os liberais europeus continentais e muito menos se identificando com
os "neoliberais"[172]). Tais estórias visam suscitar a adesão, o convencimento do "público" para causas de denúncia de discriminação racista,
sexista ou contrária à "orientação sexual". E parece crerem os ativistas
deste movimento na eficácia desta forma (mais ou menos sentimental)
de argumentar, com vista à reforma social. Mais: creem que apenas
através dessas estórias se pode mudar a mentalidade imperante – o
que é um caso interessante de crença na retórica *latissimo sensu* e no
poder social e escatológico da literatura empenhada. Afigura-se-nos
que com alguma ironia inicial (pluridirigida, aliás), afirmam dois dos
críticos desta corrente, Daniel A. Farber e Suzanna Sherry:

> "Although no one contests that these stories are more readable
> than typical law-review fare, the consensus about their value stops
> there. Advocates of storytelling believe that stories can play a fun-
> damental role in advancing social reform. Only through stories, they
> contend, can the fundamental racist, sexist, and homophobic struc-
> tures of our society be confronted and changed"[173].

Não partilhamos, é certo, uma tão arreigada fé na eficácia geral e
socialmente regeneradora do contar estórias, e acompanhamos as críticas dos citados autores quanto ao risco de poderem distorcer, por vezes,
o debate jurídico (especialmente se forem atípicas, não rigorosas, ou
truncadas[174]). Além disso, como sucedia já com as utopias literárias com
desejos de reforma político-social[175], acreditamos que tais narrativas se

---

[172] Cf. John Gray, *Liberalismo*, trad. port., Lisboa, Estampa, 1997. Cf., com abundante
bibliografia, Paulo Ferreira da Cunha, *Repensar a Política. Ciência & Ideologia*, 2ª ed.,
Coimbra, Almedina, 2007, p. 248 ss., p. 274 ss..

[173] Daniel A. Farber/Suzanna Sherry, *Legal Storytelling and Constitutional Law. The
Medium and the Message*, p. 37.

[174] *Ibidem*, pp. 37-38.

[175] Raymond Trousson, *Voyages aux Pays de nulle part. Histoire littéraire de la pensée utopique*, 2ª ed., Bruxelas, Editions de l'Université de Bruxelles, 1979, máx. p. 260; Paulo
Ferreira da Cunha, *Constituição, Direito e Utopia. Do Jurídico-Constitucional nas Utopias*

DA TÓPICA

tornam muito aborrecidas quando proponham caminhos muito concretos de mudança, perdendo assim a vantagem competitiva que possuíam relativamente aos outros tipos de discurso jurídico.

Por outro lado, importa talvez recordar que há estórias e estórias. Umas podem ser empenhadas de uma banda, e outras *engagées* de outra banda... E entre ambas o Direito não terá de ser propriamente cego, mas imparcial, olhando o que de justo um e outro lado contenham.

E há ainda outras possibilidades. As narrativas mais jurídicas de um José Calvo González[176], por exemplo, em vez de apresentarem objetos localizados e polémicos, parecem devolverem-nos a cor local dos problemas dos juristas de um tempo e de um lugar, e, ao mesmo tempo, remeterem-nos para a juridicidade de sempre. Essa universalidade é possível também nos contadores de estórias do Direito. Mas mais difícil, talvez.

Mas aqui de novo se levanta a questão de um contar mais literariamente empenhado ou mais juridicamente comprometido – o que se traduzirá, afinal, numa revisitação do problema da relação da filosofia jurídica (implícita ou explícita) com as formas literárias[177].

Será muito interessante vir a considerar, num novo diálogo, de tópicos mais alargados, o *legal sorytelling* e outras propostas de outros contadores de outro tipo de estórias. E a questão poderá ser: encontrar-se-á mais verdade e mais justiça nessa complexa disputa, ou haverá a tentação de regressar à árida e esquálida secura dos silogismos judiciários do positivismo legalista, logicista, dogmático e sistemático? Gostaríamos de poder optar pela primeira possibilidade, mas não nos pertence adivinhar. Em todo o caso, teimamos em dizer, como Shahrazad:

"Para sobreviver, é preciso contar estórias"[178].

Políticas, Coimbra, 'Studia Iuridica', Boletim da Faculdade de Direito, Universidade de Coimbra/Coimbra Editora, 1996, p. 110 *et passim*.

[176] Cf., especialmente, José Calvo, *La Justicia como Relato*, 2ª ed., Málaga, Ágora, 2002 (1ª ed. 1996).

[177] Paulo Ferreira da Cunha, *Lições Preliminares de Filosofia do Direito*, 3ª ed., Coimbra, Almedina, 2009, pp. 108-112.

[178] Cf. José Calvo, *La Justicia como Relato*, p. 60.

INICIAÇÃO À METODOLOGIA JURÍDICA

8. *Tópica jurídica mítico-teológica*:

A tópica jurídica mítico-teológica é a tópica jurídica que decorre de fontes dos mitos, da mitologia, das experiências intelectuais religiosas, e das teologias. A sua autoridade pode ser suprapositiva num clima teocrático ou místico, mas há nelas sempre uma dimensão de *auctoritas*, mesmo em ambiente positivo, que ao menos partilha com a tópica jurídica historiográfica.

Embora o peso argumentativo deste tipo de tópica seja aparentemente menor, dada alguma exterioridade da mesma face ao cerne jurídico, a questão não é assim tão simples. É que, como vimos *supra* a propósito da questão do movimento do *story telling*, essa menor eficácia ao nível do que poderíamos chamar retórica externa (carapaça lexical jurídica sobretudo) fica, em muitos casos, compensada pela persuasão mais profunda, uma retórica que toca o interior das decisões, o núcleo do espírito onde se formulam os mais profundos juízos, se acalentam os mais acarinhados amores e ódios, e onde, afinal, se tomam as verdadeiras decisões.

Capítulo V
Porquê Retórica Jurídica?

1. Retórica Jurídica e Retórica *tout court*

Boa parte da escolha das designações têm razões de índole conotativa, subjetiva no limite. Exponhamos sumariamente as nossas:

O público, tanto geral como especializado, reconhece melhor a expressão Retórica Jurídica que qualquer das outras. Apesar de alguma ascensão da expressão "tópica", o prestígio desta última centra-se sobretudo no público mais letrado.

Por outro lado, a Retórica Jurídica em sentido lato será, na perspetiva que referimos, a mais abrangente de todas, enquanto a Retórica Jurídica em sentido estrito afinal se concentra sobre o que mais classicamente tem interessado os juristas nesta matéria: a arte de bem persuadir em juízo. Uma razão e outra são de ponderar.

Finalmente, a expressão Retórica Jurídica faz a ponte para a renovação destes estudos noutros domínios, que não têm usado muito nem a expressão dialética – muito conotada ainda com o materialismo dialético ou com a dialética hegeliana –, e apenas um pouco mais a expressão tópica.

Todavia, não curamos neste estudo da Retórica Jurídica em sentido lato, mas apenas da Retórica Jurídica em sentido estrito. E embora consideremos que a dimensão dialética da juridicidade seja um seu elemento não só metodológico como ontológico essencial[179], e que nessa

---

[179] Cf. PAULO FERREIRA DA CUNHA, *La dialectique, méthode du juriste*, in "Les Visages de la Loi", org. de Catherine Samet et Stamatios Tzitzis, Paris, L'Archer, diffusion P.U.F., 2000, pp. 113-129.

INICIAÇÃO À METODOLOGIA JURÍDICA

dialética o pensamento tópico é o mais carateristicamente jurídico, não podemos deixar de encarar a Retórica Jurídica como uma especialidade setorial da Retórica em geral. A autonomia da disciplina é regional, pelo que para se saber Retórica Jurídica sobretudo se tem de saber Retórica *tout court.*

É nesse sentido que se explica a concisão da parte especificamente jurídica deste estudo. Nos exemplos, sem dúvida poderia alargar-se. Mas na essência, a Retórica Jurídica em sentido estrito é Retórica geral aplicada ao discurso forense.

E assim sendo, a melhor introdução à Retórica Jurídica é a Retórica geral. A Retórica, *tout court*[180].

2. Especificidade Tópica na Retórica Jurídica

Acresce contudo uma realidade a ter em conta: na medida em que a Retórica Jurídica é Retórica geral ou Retórica *tout court* aplicada ao âmbito jurídico, a especificidade da Retórica Jurídica não existe tanto ao nível da retórica propriamente dita, mas precisamente ao nível da Tópica. A Retórica Jurídica é sobretudo distinta pelos elementos tópicos particulares do Direito.

Por exemplo, não é verdadeiramente um lugar comum afirmar-se que "a ignorância da lei a ninguém aproveita" – ou *ignorantia legis non excusat.* É todavia um tópico particular do mundo jurídico. Tão iterativo se revelou que seria recebido pela legislação, estando presente em vários códigos civis. Salvo, que saibamos, numa exceção explicitada para casos "difíceis" no Código Civil do México, como vimos já.

E todavia, como todos os tópicos, é controvertível. Assim, por exemplo, afirma (referindo-se ao tópico, mas refutando-o: o que é outra forma de o fazer viver) Paul Bastit:

> "(...) Le Parlement vote plus d'un millier de lois par an, soit à peu près ce que Rome à produit en ce domaine au cours de deux millénaires. On a donné le nom d'inflation législative à cette situation

---

[180] Daí o termos modestamente colaborado num *Manual de Retórica e Direito*, cit., em que a parte de Retórica *tout court* naturalmente avulta.

PORQUÊ RETÓRICA JURÍDICA?

qui a de nombreux inconvénients pour le juriste; le moindre d'entre eux est la difficulté qu'il y a à connaître les lois. Non seulement leur masse en rend la lecture pratiquement impossible, même pour le juriste, mais encore la rapidité avec laquelle elles se succèdent conduit à des négligences de rédaction, voire à des contradictions, qui rendent très difficile la connaissance des règles législatives. *A fortiori la présomption de connaissance de la loi qui pèse sur le simple citoyen n'a plus de grand sens.*»[181]

Utilizados com funções legitimadoras ou refutados pela sua inaplicabilidade, injustiça, contraditoriedade, etc., os *loci comunes* jurídicos são do que de mais específico existe na Retórica Jurídica. A tal se poderá acrescentar algumas técnicas forenses de interrogatório de testemunhas e dos demandados (e de *cross examination*), e, certamente, alguns elementos estilísticos próprios.

3. Defesa da Retórica, defesa do Direito

Mas, por tudo quanto ficou dito, essa especificidade tópica da retórica jurídica em nada lhe retira importância. Estamos apenas, no caso do Direito, perante uma feição particular de ser Retórica. O que especialmente sobressai no terreno da juridicidade são os lugares comuns próprios do Direito; mas este, a sua metodologia e a sua prática, não se limitam à tópica jurídica. São, efetivamente, Retórica: Retórica *tout court*.

No Direito está viva a Retórica no seu melhor. E a defesa da Retórica é, em boa medida, a defesa do Direito, tal como a defesa do Direito a defesa da Retórica.

---

[181] MICHEL BASTIT, *Naissance de la Loi Moderne*, Paris, P.U.F., 1990, p. 10 (sublinhado nosso).

PARTE VII

DO PROBLEMA METODOLÓGICO-JURÍDICO NO TEMPO PRESENTE

> "Não imiteis, adolescentes, estes homens ociosos, inúteis e áridos, que, se na verdade são jurisperitos, não são certamente jurisprudentes e jurisconsultos. De facto, que coisa mais feia que um Doutor de Direito que ignorar o uso e praxe das leis cuja ciência professa? [...]".
>
> MELLO FREIRE[182]

> "1º que não ha plano algum doutrinal de Direito Publico ecclesiastico, ou civil, que se não possa criticar com razões sólidas, ou especiosas, o que é fácil, pois para isso basta abrir um, ou outro livro, em que venha outro differente, e arguil-o e notal-o por elle: 2º que cada auctor tem, e teve sempre a liberdade de formar o seu plano como entender, sem se embaraçar com o dos outros: 3º que o methodo. além das leis geraes proprias do genero de escriptura, poucas mais recebe: 4º que o Rei não está obrigado a seguil-as, e basta que na sua legislação entre alguma tal ou qual ordem: 5º que não ha Codigo no mundo ordenado segundo as leis dos methodistas: 6º que as faltas

---

[182] Paschoal José de Mello FREIRE, *História do Direito Civil Português*, trad. do latim do Dr. Miguel Pinto de Meneses, *in* "Boletim do Ministério da Justiça", nº 173, Lisboa, Fev. 1968, p. 53.

> methodicas em materia politica, não sendo notaveis, são vistas pelos homens publicos e negociosos com a mesma indifferença, com que vêm os defeitos grammaticaes, e outros similhantes, arguidos ás grandes obras: 7º que já acabou o gosto dos allemães sobre a exactidão de planos e prolixidade de divisões e sobdivisões: 8º e ultimamente, que elle não é optimista do tempo, que nunca se defendeo com esta seita, que reputa por uma verdadeira hypocrisia literaria: 9º que é de outra eschola, e que se contenta, que a cosa seja boa, decente e capaz de apparecer, e, sobre tudo, que satisfaça ao fim."

MELO FREIRE[183]

SUMÁRIO: I. *Encruzilhada Doutrinal.* II. *Metodologia Jurídica: Caminho para onde?* III. *Juristas: Antes de Técnicos, Verdadeiros Filósofos.* IV. *Novos Desafios.*

---

[183] Idem, *Resposta á segunda censura*, Lisboa, pp. 106-107.

Capítulo I
Encruzilhada Doutrinal

Não há apenas uma sagrada e intocável metodologia jurídica. Há várias. No nosso tempo, têm florido mil flores de pluralismo jurídico. Mas é óbvio que claramente se enfrentam as metodologias isolacionistas, conformistas, dogmáticas, positivistas e normativistas com as interdisciplinares, críticas, problemáticas ou tópicas, pluralistas ou junaturalistas *lato sensu* e prudenciais ou judicialistas. O presente livro considera, em pano de fundo, que os tempos presentes são um momento kairológico de afirmação do último grupo de perspetivas, a caminho de um Direito Humanista e Fraterno. E que, portanto, as demais, além de ao menos potencialmente injustas e por isso "erradas" (porque a "solução correta" ou melhor, as soluções adequadas, serão, deverão ser, ao menos tendencialmente justas), se encontram historicamente ultrapassadas. Pelo menos historicamente, não frequentemente mais que apenas isso.

O tempo presente é, talvez mais até que qualquer outro, de encruzilhada entre metodologias, e, por detrás delas, conflito de cosmovisões filosóficas e ideológicas. Os juristas do futuro aspiram a um novo Direito em novas sociedades, mais abertas, mais livres, mais justas, mais solidárias; os juristas do passado conformam-se com tudo o que vai estando (e eventualmente aplaudindo até o que vai recuando, e não tem sido pouco nos últimos anos); no máximo, admitirão alguma caridade e um punhado de mezinhas caseiras de "justiça" particular.

Assim descreve o eminente e emérito constitucionalista Paulo Bonavides os juristas do Estado Social:

"(...) são passionais fervorosos da justiça; trazem o princípio da proporcionalidade na consciência, o princípio igualitário no coração e o princípio libertário na alma; querem a Constituição viva, a Constituição aberta, a Constituição real."[184]

Em contrapartida, e do mesmo modo que há políticos a tentar desmantelar o Estado Social[185] (embora ele seja objeto de um vastíssimo consenso social, e seja ao mesmo tempo constituição formal, material e real na perspetiva das aspirações constitucionais[186]), existem juristas a remar contra a maré da evolução (dir-se-ia "natural", mas talvez não o seja) do Direito.

Para eles, o Direito é uma técnica apenas, embora por vezes se adornem com loas e parangonas à sua cientificidade. Mas não se tratando de um saber crítico, é, na verdade, apenas técnico, e como aspira (e em muitos casos detém) poder, uma tecnocracia se produz. O Direito seria uma grande tabela taxonómica de definições e uma máquina de uma velha lógica de rodas dentadas, com mecanismos silogísticos muito simples, e não raro com inversão dos mesmos. Muito teriam a ganhar esses juristas olhando-se ao espelho. Talvez o Direito seja, para eles, afinal um imenso catálogo, uma lista interminável[187] de conceitos, requisitos...

Em sociedades hipercomplexificadas como a nossas, o Direito, que deveria ser malha larga de liberdade e malha apertada de proteção (mas proteção livre), sob o impacto do dogmatismo, do legalismo, do autoritarismo, etc., acaba por pouco proteger e por infernizar a vida do pacato e cumpridor cidadão, que é antes de mais funcionalizado (ainda que não seja funcionário, e se o for mais ainda), contribuinte (forçado, como é óbvio), e cada vez mais súbdito e vassalo. Ou seja, deixa de ser cidadão. O Direito deixa de ser uma realidade a que se recorre *in extremis* e em caso

---

[184] BONAVIDES, Paulo, *Do Estado Liberal ao Estado Social*, 7ª ed., 2ª tiragem, São Paulo, Malheiros Editores, 2004, p. 19.

[185] Cf., *v.g.*, ARNAUT, António, *O Étimo Perdido. O SNS, o Estado Social e Outras Intervenções*, Coimbra, Coimbra Editora, 2012.

[186] Cf. FERREIRA DA CUNHA, Paulo, *Constituição & Política*, Lisboa, Quid Juris, 2012, máx. p.

[187] Cf. Umberto ECO, *La Vertigine della Lista*, Bompiani, 2009, trad. port. de Virgílio Tenreiro Viseu, *A Vertigem das Listas*, Lisboa, Difel, 2009.

de *mala fortuna*, patológica, para erguer mil barreiras, peias, corveias (num feudalismo reinventado) à vida quotidiana. E não bastaria ao comum paisano ser jurista. Mesmo os juristas, se não tiverem um conhecimento muito agudo e atualizado de todas as legislações, regulamentações e decisões de todas as áreas com que acaba por confinar a sua vida, não conseguirão saber em que lei se vive. Ora esta burocratização total da vida, esta confusão do Direito com uma rede apertadíssima de interditos e obrigações, faz às pessoas não só aborrecerem o Direito, como temerem--no. E tem consequências metodológicas no campo jurídico verdadeiramente terríveis. Quando outrora grandes professores universitários estigmatizavam e até justamente ironizavam com o "direito minúsculo" dos burocratas, chega-se hoje à conclusão triste de que o diabo está nos pormenores, e são os burocratas que nos perdem... Ou nos poderão salvar, circunstancialmente. O que é sempre muito mau[188].

Metaforicamente (e quiçá não só) se poderá afirmar também que – por exemplo – haverá ainda juristas que ainda julgam serem os contratos apenas privados. Ou que talvez no limite admitam, além desses, os de adesão, que tantas vezes pouco têm da autonomia da vontade, contudo tão sagrado dogma liberal... Isto quando, para por exemplo citar apenas Francisco Puy (insuspeito, desde logo porque filósofo do Direito), só o direito administrativo já é *mais de meio direito*... E mais que tudo ignorando a centralidade e preponderância (primazia ou primado, vinculatividade geral, etc.) do direito constitucional, que contém as *têtes de chapitre* de todos os ramos do direito. E possui a centralidade, prevalência, primado, ou *hegemonia vinculante*, expressão fortíssima do mesmo Paulo Bonavides.

Este mesmo jurista contrapõe aos juristas do Estado Social os do neoliberalismo sem freio, ainda que aqui possam confluir outros, autoritários ou totalitários, de qualquer modo desafetos ao Estado Constitucional, que em si contém o Estado Social:

"Às avessas, pois, os juristas do Estado liberal, cuja preocupação suprema é a norma, a juridicidade, a forma, a pureza do man-

---

[188] Cf. Ferreira da Cunha, Paulo, *Poder, Força e Burocracia*, in "Seara Nova", n.º 1728, Verão 2014, pp. 35-38.

damento legal com indiferença aos valores e portanto à legitimidade do ordenamento, do qual, não obstante, são também órgãos interpretativos"[189].

O direito, para eles, teria que ser puro, forense, prático, ou depurado e sistemático (leia-se: dogmático, abstrato e decisionista, no fundo).

Em 1894, segundo conta Michel Villey, o reitor da Universidade de Paris, Liard, explanava a conceção fria e "geométrica" *hoc sensu* em que se refugiam tanto os que lavam as mãos do sangue dos justos (como Pilatos[190]), como os que, sabendo o que está por detrás e ao que serve o legalismo, nas nossas sociedades, mistificam o Direito invocando a sacralidade do rigor, ciência, técnica, "dogmática" (pomposamente), e atacando como impuros e – oh anátema! – até "políticos" os demais:

> "Le droit c'est la loi écrite; partant, la tâche des facultés de droit est d'apprendre à interpréter la loi, et il résulte que leur méthode est déductive: les articles du code sont autant de théorèmes dont il s'agit de démontrer la liaison et de montrer les conséquences: le juriste est un géomètre".

Será pois o jurista um geómetra, mas um geómetra dogmático, não ensinando essa geometria de abertura de espírito que propugnava, por exemplo, um Alain. Não esqueçamos as palavras de Morton J. Horwitz:

> "A principal condição social necessária ao florescimento do formalismo jurídico em uma sociedade é que os grupos de poder dessa sociedade tenham grande interesse em disfarçar e abolir a inevitável função política e distributiva do direito"[191].

---

[189] Paulo BONAVIDES, *Op. loc. cit.*

[190] Mt. XXVII, 24

[191] J. Morton HORWITZ, *The Transformation of American Law*, reed., 1992, p. 266, *apud* POSNER, Richard A., *Overcomig Law*, Cambridge, Harvard University Press, 1995, trad. port. de Evandro Ferreira e Silva, *Para Além do Direito*, São Paulo, wmf Martins Fontes, 2009.

ENCRUZILHADA DOUTRINAL

Um jurista *agelasta* (petrificado, sisudo, dogmático, congelado, embalsamado[192]) pensará que tem que cumprir ordens e aplicar o que as ordens escritas dizem, e fazer com que os outros cumpram ordens. Em relação à contextualização económica, este jurista, que não quer nada com interdisciplinaridade, fechará os olhos e fará o que lhe disserem o economistas e financeiros no poder. Acreditará piamente no dogma ultraliberal "there is no alternative" (TINA).

Mas, ao contrário deste jurista, haveria que ler os Economistas que fazem a diferença. A começar pelos "Prémios Nobel" Gunnar Myrdal, Joseph Stiglitz e Daniel Kahneman, e os que anunciam ou desenvolvem já uma Economia nova, não como castigo e até praga (prisão de onde não se sairia: *nunca haveria alternativa*), mas, pelo contrário, uma Economia *da Felicidade*, solidária, naturalmente, do direito constitucional global à Felicidade, um dos elementos fundantes de um novo paradigma jurídico, o Direito Humanista e Fraterno.

Nomes como os de Richard Easterlin, Tibor Scitovsky, Yew-Kwang Ng, Richard Layard, Andrew Osswald, Bruno Frey, Robert Frank, Alois Stutzer e o português Gabriel Leite Mota, são para muitos e muitos desconhecidos e por isso nem sequer considerados como "ilustres". O que é uma pena e uma perda. Com eles teríamos muito a aprender e a ganhar. Lá está: o Direito não pode acriticamente acreditar no garrote financeiro que lhe querem impor, e decidir com base num unilateralismo financeiro. Há outras teorias, há outras soluções. E por isso o jurista tem também que aprender Economia e Finanças. Desde logo para não ter como dados o que são interpretações... Já Bertrand Russell se apercebera de como é um perigo não saber finanças e outras coisas...

Os juristas têm grandes responsabilidades. Um jurista deve ser, não um "burocrata da coação" (autómato de preconceitos sociais e conceitos teóricos e ordens do poder), ou um ideólogo disfarçado de cientista, mais ou menos subtil, mais ou menos dogmático, criando nuvens de fumo com as suas construções insípidas e abstrusas e raciocínios especiosos, mistificando como sendo Direito e Justiça as soluções ditadas

---

[192] RABELAIS, *La Vie de Gargantua et de Pantagruel*, V, 25; RORTY, Richard, *Contingency, Irony, and Solidarity*, Cambridge, Cambridge University Press, 1989, citando logo de início Milán Kundera, *A Arte do Romance*, que remete para Rabelais.

pelos interesses a que, direta ou indiretamente, serve. Pelo contrário, o Jurista deve ter compromisso com a busca da Verdade e da Justiça, com as vozes dos injustiçados que clamam no deserto e na floresta de aço e betão. Deve ser cavaleiro andante da Justiça. E como tal não pode ter uma prática, nem sequer uma prática teórica, velha, poeirenta e ensimesmada, numa hoje claramente ridícula e antiquada conceção de Direito como, afinal nada mais nada menos que "aquilo que os juristas fazem".

Leia-se: juristas seriam apenas as gentes do foro – que não são todos os juristas, e mesmo assim, entendidas com precoceito sobre quem sejam e como atuem os práticos forenses. Recordando, assim, a definição, já apodada de cínica, de Jacob Viener para a Economia. Não, o Direito não é apenas a prática (sem teoria, sem pensamento, sem enquadramento, sem contexto; nem sempre justa, nem sempre sequer legal, nem sempre ética, nem sempre informada...) de um pretenso e idealizado jurista comum, naturalmente pressuposto como razoável e ponderado (num certo sentido), porque de "boas famílias" e obviamente conservador. O Direito é mais, é melhor. É *constante e perpétua vontade* de atingir o justo. Tudo o resto são tiques e preconceitos. E dogmas. Em alguns casos, o seguir um modelo na mira estulta da fama.

E como é vã a fama, e mil vezes vã a fama de um jurista, trabalhando no seio de um *episteme* que (quase parece que de caso pensado) oculta – ou pelo menos torna muito discretos – até os nomes dos autores das suas grandes, de muitas das suas maiores teorias, para que pareçam óbvias e "naturais", e por isso o seu discurso legitimador (como anda esquecido Baptista Machado![193]) seja retoricamente mais eficaz. Canseiras tormentosas, pois. Vigílias vãs... Mas a vaidade a tanto obriga (e como está esquecido Matias Aires![194]).

Não se pode pretender ser grande jurista e esquecer a principal função do Direito, sofismá-la em especiosismos e rodriguinhos: o jurista

---

[193] João BATISTA MACHADO, *Introdução ao Direito e ao discurso legitimador*, reimp., Coimbra, Almedina, 1985.
[194] Matias AIRES, *Reflexões sobre a Vaidade dos Homens*, ed. eletrónica: http://www.iphi.org.br/sites/filosofia_brasil/Matias_Aires_-_Reflexões_sobre_a_vaidade_dos_homens.pdf

tem de "atribuir a cada um o que é seu", mas numa "constante e perpétua" sede de Justiça, e não como mero polícia ou guarda-noturno protegendo os que muito têm (nos seus bens, poderes e mesmo "valores", reais ou para consumo social) dos que não possuem nada. Não se trata, portando do *seu* que a roda da *fortuna* (nada justa) ou mesmo o esbulho e o crime (leia-se Addison[195]) vieram colocar nas mãos deste ou daquele. Mas o que é *de cada um* antes de mais pelo mérito (e o mérito social, a aportação social do seu labor e engenho), e ainda, no limite, o que é *de cada um* pelo simples facto de se ser Pessoa (e todos têm direito a um mínimo para uma existência digna e esse *mínimo* não é o asilo lúgubre nem a esmola dada pelo vaidoso Fariseu).

Há quem queira um Direito dogmático, teoricista ao máximo (charadístico: e como sofrem os estudantes com essas *adivinhas*!), embora coberto pelo álibi e guarda-chuva da experiência da burocracia e do foro. Se a prática fosse essa teoria, a Administração e os Tribunais seriam ainda mais imobilistas do que se critica. Mas para os seus advogados seria esse o pseudodireito "puro" (embora, não gostando normalmente de Kelsen, em geral sem o terem lido, não usem normalmente esta expressão).

Ora sabemos que Direito "puro" nunca existirá: é uma contradição nos próprios termos. E por isso sempre será uma vã miragem o solipsismo jurídico de torre de marfim. Mas compreende-se porque esses teóricos, que por vezes se desdobram em prática (e vivem uma dupla existência), não aguentam o vasto mundo dos saberes não jurídicos, melhor, do que não seja a hiperespecialidade que cultivam. Isso os deixa sem pé. E isso atenta contra com o enorme complexo de superioridade que têm, não apenas relativamente aos *oficiais de outros ofícios* (eles são dos que dizem, por exemplo, que "Letras são tretas", que os artistas são marginais, os psicólogos "malucos", etc.), como face aos colegas de outros ramos jurídicos. A esses consideram cultivarem saberes sempre inferiores aos seu. E face aos juristas humanistas e interdisciplinares – felizmente, pelo Mundo fora, cada vez mais e melhores –, nem sequer

---

[195] Joseph ADDISON, *A Vision of Justice*, in *A Book of English Essays*, selected by Sir W. E. WillIams, reprint., Londres, Penguin, 1987, pp. 30-36.

lhes reconhecerão a qualidade de juristas, tratando-os com desprezo, que tributam aos puros diletantes (na melhor das hipóteses).

Este Direito ultrapassado, enclausurado, que ainda pensa na Hermenêutica como regras de mera "interpretação e aplicação da lei", que ignora sobranceiramente os princípios constitucionais e a Constituição principiológica, só para dar um par de exemplos, acha-se com legitimidade para julgar a vida (e como julga as inovações, condenando-as severamente do alto do seu dogmatismo!), mas na verdade encontra-se fora do nosso tempo e alheio a ela.

Este Direito, por muito que, contra os cultores das Ciências Sociais, da Filosofia, das Artes e da Interdisciplinaridade, se reivindique do real e *do que se passa*, não será muito mais que um jogo de salão, de uma charada, no seio da casta ou a classe dos juristas (*il ceto dei giuristi*), desprezando no fundo o Povo (esse que incomodamente vota e em quem reside, em última instância, o poder de fazer o Contrato Constitucional – que maçada isso da "democracia"! – pensa, e começa a dizer alto) e, como dissemos, tudo o que, nos saberes, ultrapasse a porta do seu salão. Pobre saber esse, parca técnica essa, triste dogmática, e desgraçado de quem caísse nas malhas de uma tal Justiça levada ao cúmulo das suas consequências lógicas.

Justiça de classe, e de limitação epistemológica, além de justiça fora do tempo, arcaica. Esse mundo a preto e branco, felizmente, nunca foi o de todos os juristas. Sempre houve juristas cultos (e não apenas de uma cultura de flor na botoeira), sempre houve juristas socialmente empenhados e atentos ao clamor dos que sofrem e clamam por Justiça. E se esse mundo nunca foi, mesmo entre os juristas, completamente uniforme, hoje pode dizer-se que globalmente está a morrer, sendo algumas investidas e bravatas um mero canto do cisne. Embora haja ventos gerais macropolíticos, engrossados por descontentamentos justos mas demagogicamente manipulados, que poderão vir a fazer triunfar uma ordem (formalista ou não) injusta na sua essência, desde logo porque antidemocrática. Oxalá não.

Capítulo II
Metodologia Jurídica: Caminho para onde?

O Direito não pode ser considerado como um jogo abstrato, e a sua metodologia (caminho para alguma coisa) só pode ser encarada como caminho para a Justiça. Que outro caminho poderia ser? Embora haja quem, de forma assética, lave as mãos da sorte (da *mala fortuna*) dos demais, e considere, afinal, o Direito uma charada, ou, pior ainda, um logro para que os choros e os risos, como dizia Agostinho da Silva, permaneçam separados por sebes bem altas[196].

Tudo tem de entender-se no seu contexto, desde logo histórico e social. A situação dos mais fracos está a tornar-se hoje insustentável. Não podemos deixar de nos lembrar deste passo de Brecht:

> "Ontem voltaram a baixar o salário de repente
> E hoje está outra vez afixado o cartaz
> Que reza: 'Quem não estiver contente
> Com o salário pode ir-se embora' (...)[197].

A ideia de que o jurista (como o religioso, também) devem ser alheios aos gritos e às misérias de uma sociedade injusta, e cada vez mais trituradora das pessoas tem muito curso em alguns meios. Contudo, a mudança de ventos chegou mesmo à Igreja Católica, que retoma hoje e

---

[196] AGOSTINHO DA SILVA, "A Justiça", in *Diário de Alcestes*, nova ed., Lisboa, Ulmeiro, 1990, pp. 23-24.

[197] Bertolt BRECHT, *Santa Joana dos Matadouros*, 2, in *Teatro 3*, p. 205.

INICIAÇÃO À METODOLOGIA JURÍDICA

aprofunda a sua doutrina social. *Não podemos ignorar!*, como diz Sophia de Melo Breyner.

Ou , como diz o Papa Franscisco

> "(...) seria uma paz falsa a que servisse como desculpa para justificar uma organização social que silencie ou tranquilize os mais pobres, de modo que aqueles que gozam dos maiores benefícios possam manter o seu estilo de vida sem sobressaltos, enquanto os outros sobrevivem como podem. As reivindicação sociais, que têm a ver com a distribuição dos rendimentos, a inclusão social dos pobres e os direitos humanos não podem ser sufocados com o pretexto de construir um consenso de gabinete ou uma paz efémera para uma minoria feliz. A dignidade da pessoa humana e o bem comum estão acima da tranquilidade de alguns que não querem renunciar aos seus privilégios"[198]

E no mesmo documento dissera antes o Sumo Pontífice

> "Os planos de assistência, que acorrem a determinadas emergências, deveriam considerar-se apenas como respostas provisórias. Enquanto não forem radicalmente solucionados os problemas dos pobres, renunciando à autonomia absoluta dos mercados e da especulação financeira e atacando as causas estruturais da desigualdade social (...), não se resolverão os problemas do mundo nem, definitivamente, problema algum. A desigualdade é a raiz dos males sociais[199] .

Há também, inclusivamente em meio jurídico, quem pense que mesmo a ação pela solidariedade social não deveria incumbir primacialmente ao Estado (ou mesmo não deveria pertencer nada a ele, no limite). Mais ou menos como álibi, muitos endossam essa responsabilidade para uma vaga obrigação (sem sanção) da sociedade, desobrigando o Estado. Ora o Papa Francisco contraria essa demissão, indicando quem é o sujeito passivo do contrato:

---

[198] PAPA FRANCISCO, *Evangelii Gaudium*, 218 (trad. das ed. Paulinas, com muito ligeiras adaptações estilísticas).

[199] *Ibidem*, 202 (ed. cit., com adapt. estilística muito ligeira).

"O cuidado e a promoção do bem comum da sociedade compete ao Estado (...) Este, com base nos princípios de subsidiariedade e solidariedade, e com um grande esforço de diálogo político e criação de consensos, desempenha um papel fundamental – que não pode ser delegado – na busca do desenvolvimento integral de todos"[200].

Há portanto que pensar o Estado como promotor do bem comum. Mas para isso é necessário desmitificá-lo, porquanto à sua volta pairam também muitos mitos, e, de mãos dadas com o Direito (um certo Direito), pode ser um poderoso instrumento não de libertação e bem estar, mas de opressão. A radiografia de Luís Sá não andará muito longe da verdade, quando o Estado e o Direito são encarados numa perspetiva agelástica e passadista:

"(...) transformam o Estado num mito, apresentando-o socialmente desenraizado ou planando acima da sociedade, como árbitro ou viabilizador da sua existência, também exaltam o Direito e a lei como o reino da Justiça, da convivência social pacífica da harmonização dos conflitos por entidades colocadas acima deles; ou então (...) estudam as leis e o Direito como sistema de normas, abstraindo completamente dos fins que essas normas prosseguem, dos interesses que defendem, do papel social que desempenham, do modo como são realizadas na prática as suas prescrições"[201].

---

[200] *Ibidem*, 240.
[201] Luís Sá, *Introdução à Teoria do Estado*, Lisboa, Caminho, 1986, p. 68.

Capítulo III
Juristas: Antes de Técnicos, Verdadeiros Filósofos

A preparação dos juristas é jurídica, naturalmente, mas ela tem que ser ainda interdisciplinar, e antes de mais hermenêutica e ética. Logo, filosófica. Não há metodologia sem hermenêutica. Não há metodologia sem filosofia. Os que pretendem opor uma a outra, e sobretudo sofismar, esquecer ou apoucar a filosofia elevando (ou pretensamente exaltando) uma pseudo-metodologia, na verdade nem metodologia estão a fazer, mas simples dogmatismo.

Não é com meia dúzia de verdades feitas, ou uns tantos chavões, ainda que doirados de nomes sonantes e línguas eventualmente, mais ou menos esotéricas que se supre a verdadeira metodologia de raiz filosófica. Aliás, são áreas complexas, e que exigem grandes labores e sempre a vigilância do espírito crítico. A metodologia não pode ser *hobbie*, improviso, trabalho de horas vagas, nem gazua teórica para ganhar, como trunfo, casos concretos, pelo *épater le bourgois* de quem não domina um "metodologuês". Até pelo facto de que já cada vez menos juristas se maravilham com simples palavras.

Quem se preocupa com os valores no Direito, num plano ético problematizador (não dogmático, e muito menos inquisitorial) tem à sua frente um longo e árduo caminho. Quem dos valores apenas tem uma visão oratória, empolada, oca afinal, demagógica e cristalizada em dogmas ao serviço de verdades-feitas não precisa (nem quer) sair do lugar. Aí está e aí permanecerá, ainda que tudo em volta mude. Mas essas questões são questões éticas. E a ética é Filosofia.

INICIAÇÃO À METODOLOGIA JURÍDICA

Os juristas são, ou deveriam ser – pasme-se! – filósofos todos, em certa medida. Mesmo os Romanos já o diziam. Como vai um conservador ou um tradicionalista em Direito contrariar os Romanos? Pois eles diziam o que alguém traduziu já assim: "professamos (nós, juristas) uma vera e não falsa filosofia, e não o seu mero simulacro verbal (ou verbalista)". Ou seja, "[...] *veram nisi fallor philosophiam, non simulatam affectantes.*"[202].

E não deixa de ser paradoxal, e entrar pelo olhos dentro (salvo se estivermos tolhidos pelo interesse, a mira da benesse, o temor reverencial ou o dogmatismo psitacista), que muitos dos que pregam a expurgação filosófica, científico-social e interdisciplinar do Direito, e até do Direito pensado no seu ser e no seu agir, dão largas à ideologia e à verbosidade empolada (totalmente não científica nem jurídica) quando lhes toca pronunciarem-se sobre temas que lhes são caros ou que consideram pedras de toque, e / ou glosados pelos autores (que têm por *auctoritates*) da sua devoção. *Dois pesos e duas medidas*[203], pois. Já o sabíamos: " Orthodoxy is my doxy – heterodoxy is anotherman's doxy", como afirmou com toda a propriedade William Warburton. Não queremos ser ortodoxo. Guardem por isso os dogmáticos tranquilamente as suas certezas, que lhas não cobiçamos.

---

[202] ULPIANUS, *lib.* 1 *Institutionum* = D. 1, 1, 1, 1.
[203] Prov. XX, 10.

Capítulo IV
Novos Desafios

São de Humanismo e de Fraternidade, com hermenêutica, tópica e interdisciplinaridade a suportar teoricamente tais novos rasgos político-jurídicos (todo o Direito é político...) os novos ventos do Direito. Claro que vivemos um ataque brutal ao juridico-politicamente (constitucionalmente) alcançado. Mas no plano histórico e do progresso civilizacional qualquer recuo será alvo de severa condenação, e virá a ser retomado mais tarde o fio perdido, na espiral do Tempo. O interregno dos fascismos e nazismos também foi superado, triunfantemente, pelas forças democráticas.

Alguns redutos de direitos de outros tempos estão a recuar, porquanto a constitucionalização "invade" todo o mundo do jurídico. O caráter principiológico do Direito, a começar pelo Direito Constitucional, implica aquilo a que Paulo Bonavides chama

> "uma hegemonia vinculante, de ordem constitucional, sobre todos os institutos de Direito Privado, os quais acabam reduzidos a mera província do direito público de primeiro grau que é o Direito Constitucional"[204].

E não é só o Direito Privado, é todo o Direito, que tem de respeitar a Constituição. Como é óbvio, e por definição.

---

[204] Paulo BONAVIDES, *Do Estado Liberal ao Estado Social*, pp. 18-19.

As constituições hodiernas são irradiantes no conjunto da ordem jurídica, não sendo apenas meras "constituições políticas", vinculando todos, entidades públicas e privadas, e todos os cidadãos de cada Estado.

Ora tal ganha corpo e dimensão com o legítimo e necessário processo de constitucionalização de *todo* o Direito (a que alguns, com mil subterfúgios, ainda que alguns deles formalmente inteligentes, tentam fugir, designadamente com a reivindicação de exceções ou especificidades ontológicas ou metodológicas para os seus próprios ramos de Direito). Por isso, não mais há um escuso recanto ou caverna recôndita a salvo da luz da Liberdade, da Igualdade, da Fraternidade que, com estas ou similares palavras, pulsam nas hodiernas constituições. Não pode haver Direito hoje digno desse nome contra Liberdade, Igualdade e Fraternidade.

O Direito foi, sem dúvida, no passado, oscilante balança entre o desejo mais ou menos idealista de encontrar Justiça (apesar do contexto geral a ela desfavorável) e a crua realidade de ser instrumento objetivo de injustiça (aparelho ideológico e fundamento da força pública, muitas vezes ao serviço de muito específicos e minoritários interesses privados). Com a constitucionalização do Direito, ele não mais pode viver essa esquizofrenia senão como um resíduo do passado. O seu *telos* é a Justiça, e compreendida em todas as suas dimensões, incluindo a social. Nada mais. Nada menos. E por isso é que os inimigos da Justiça (que, insistimos, também é *social*, e hoje mais que nunca o tem de ser) não gostam mesmo nada das constituições cidadãs, que são um contrato pelo progresso, a liberdade e a justiça para todos os cidadãos, e não apenas para alguns. Não gostarem delas é um direito seu, claro, mas os defensores das constituições em vigor têm, ao contrário deles, a Lei do seu lado (lei de que aqueles tanto dizem gostar, em abstrato): a lei vigente e mesmo a lei natural, ou, em linguagem atual, os Direitos do Homem.

Por outro lado, as Constituições não mais se encontram desarmadas. Elas têm a dar-lhes força e efetividade órgãos jurisdicionais, Tribunais Constitucionais e Supremos Tribunais. Isso faz toda a diferença:

"The theory of the law of the state plays theorectical and practical orientations, methods, and themes in different keys, when faced (or not) with a constitutional court and court practice"[205].

O novo paradigma jurídico que se sente despontar, para desespero dos passadistas, é de fraternidade e humanismo. Valores que já estão nas constituições cidadãs. Os novos ventos que da nova prática jurídica (que é jurídica e social, como tantos movimentos como "direito no cárcere", "direito achado na rua", mesmo direito e música e literatura... para não falar na ação social e jurídica de entidades públicas interventivas como as Defensorias Públicas e afins) se levantam e sopram precisamente em consonância com um estudo do Direito crítico, interdisciplinar e pensado, e são solidários do programa jurídico-político das Constituições que, como a nossa, não pretendem apenas regular a dança das cadeiras parlamentares e ministeriais, mas *criar efetivamente mais Justiça neste Mundo.*

Evidentemente que sabemos que há quem considere que tudo o que aqui dissemos não é senão a "retórica" ou até impasse da ideologia, da política, ou – mais educadamente – da Filosofia. Como diz Gomes Canotilho, a quem obviamente seguimos:

"Muitos juristas julgam estas questões como mera filosofia. A nosso ver, se o direito constitucional não recuperar o impulso dialógico e crítico que hoje é fornecido pelas teorias políticas da justiça e pelas teorias críticas da sociedade ficará definitivamente prisioneiro da sua aridez formal e do seu conformismo político"[206].

Por isso, é preciso libertar o Direito: da aridez formal e do conformismo político a que uma metodologia ensimesmada sob pretexto de rigor e purificação necessariamente conduz. A metodologia não é, pois,

---

[205] Arthur JACOBSON/Bernhard SCHLINK, *Weimar: a Jurisprudence of Crisis*, University of California Press, 2002, p. 3.
[206] J. J. Gomes CANOTILHO, *Direito Constitucional e Teoria da Constituição*, 7ª ed., Coimbra, Almedina, 2003, p. 21.

INICIAÇÃO À METODOLOGIA JURÍDICA

um terreno plácido e inócuo. Sob a capa da neutralidade aí se faz passar muitas vezes a ideologia de um Direito servil, passivo, e claramente só justo quando isso for incolor, inodoro e insípido para o todo da ordem jurídica. E talvez mais ainda quando for mais ou menos indolor para ordens mais estruturantes ainda da realidade social, económica e financeira.

A metodologia deve ser, pelo contrário, e sempre, instrumento pensado, atento e crítico de Justiça.

BIBLIOGRAFIA CITADA

Não se incluem neste índice bibliográfico algumas das obras apenas incidentalmente referidas, nem as obras do autor, ou em que colabora.

ADEODATO, João Maurício, *Ética e Retórica. Para uma Teoria da Dogmática Jurídica*, 3ª ed. rev. e ampliada, São Paulo, Saraiva, 2007
—, *A Retórica Constitucional, Sobre Tolerância, Direitos Humanos, e outros Fundamentos Éticos do Direito Positivo*, São Paulo, Saraiva, 2009

ADDISON, Joseph, *A Vision of Justice*, in *A Book of English Essays*, selected by Sir W. E. WillIams, reprint., Londres, Penguin, 1987

AIRES, Matias, *Reflexões sobre a Vaidade dos Homens*, ed. eletrónica: http://www.iphi.org.br/sites/filosofia_brasil/Matias_Aires_-_Reflexões_sobre_a_vaidade_dos_homens.pdf

ADLER, Mortimer, "How to think about truth", ed. por Max Weisman, in *The Great Ideas*, Chicago and La Salle, Open Court, 2000
—, *The Great Conversation*, Chicago et al., Encyclopædia Britannica, 1994

ALAIN, "Mnémosyne", in *Propos sur l'Esthétique*, 6ª ed., Paris, PUF, 1991

ALTHUSSER, Louis, *Idéologie et appareils idéologiques d'Etat*, Paris, La Pensée, 1971

AMARAL, Diogo Freitas do, *Da Necessidade de Revisão dos Artigos 1º a 13º do Código Civil*, in "Themis", ano I, nº 1, 2000, pp. 9-20.

AMSELEK, Paul (Dir.), *Théorie des actes de langage, éthique et droit*, Paris, P.U.F., 1986

Archives de Philosophie du Droit, Paris, Sirey, 1984, t. XXIX – dedicado a «Dialogue, dialectique en philosophie du droit».

ARISTÓTELES (Aristote), *Rhétorique*, tr. fr., Paris, Les Belles Lettres, 1960
—, *Éticas a Nicómaco*
—, *Metafísica*, III, 1 – 995 b).
—, *Organon*, V. *Tópicos* (trad. port. e notas de Pinharanda Gomes, Lisboa, Guimarães, 1987

ARNAUD, André-Jean, *Critique de la raison Juridique. 1. Où va la sociologie du Droit?*, Paris, LGDJ, 1981

ARNAUT, António, *O Étimo Perdido. O SNS, o Estado Social e Outras Intervenções*, Coimbra, Coimbra Editora, 2012

ASSIER-ANDRIEU, Louis, *Le juridique des anthropologues*, in «Droit et Société. Revue Internationale du Droit et de Sociologie Juridique», nº 5, Paris, 1987, p. 89 ss.

ATIAS, Christian, *Théorie contre arbitraire*, Paris, P.U.F., 1987.

BACHELARD, Gaston, *La formation de l'esprit scientifique*, Paris, Vrin, 1938

—, *Le nouvel esprit scientifique*, Paris, P.U.F., 1934

BACHOF, Otto, *Normas Constitucionais Inconstitucionais?*, trad. port., Coimbra, Atlântida, 1977

BALLESTEROS, Jesús, "Razones a favor de una postmodernidad alternativa", in *Doxa*, nº 6, 1989, p. 301 ss..

—, *Postmodernidad. Decadência o resistência*, Madrid, Tecnos, 1989

BARROS, Gilda Naécia Maciel de, *Agraphoi Nomoi* – http://www.hottopos.com/notand3/agrafoi.htm

BARTHES, Roland, *L'Aventure Sémiologique*, Paris, Seuil, 1985, trad. port. de Maria de Sta. Cruz, *A Aventura Semiológica*, Lisboa, Edições 70, 1987

—, *Mythologies*, Paris, Senil, 1957, trad. port. e prefácio de José

Augusto Seabra, *Mitologias*, Lisboa, Edições 70, 1978

BASTIT, Michel, *Naissance de la Loi Moderne*, Paris, P.U.F., 1990

BATISTA MACHADO, João, *Introdução ao Direito e ao discurso legitimador*, reimp., Coimbra, Almedina, 1985

BAUZON, Stéphane, *Il Mestiere del Giurista. Il Diritto Politico nella Prospettiva di Michel Villey*, Università degli Studi di Roma "Tor Vergata", Publicazioni della Facoltà di Giurisprudenza, Milão, Giuffrè, 2001

BITTAR, Eduardo C. B., *O Direito na Pós-Modernidade*, Rio de Janeiro, Forense, 2005

BONAVIDES, Paulo, *Do Estado Liberal ao Estado Social*, 7ª ed., 2ª tiragem, São Paulo, Malheiros Editores, 2004

BOORSTIN, Daniel J., *Cleopatra's nose*, trad. port. par Maria Carvalho, *O Nariz de Cleopatra. Ensaios sobre o inesperado*, Lisboa, Gradiva, 1995

BORDET, Marcel, *Précis d'Histoire Romaine*, Paris, Armand Colin, 1991, trad. port. de Zaida França e Amílcar Guerra, *Síntese de História Romana*, Porto, Asa, 1995

BRANDWEIN, Pamela, *Reconstructing reconstruction: the Supreme Court and the Historical Truth*, Durham, North Carolina, Duke University Press, 1999

BRECHT, Bertolt, *Santa Joana dos Matadouros*, 2, in *Teatro 3*

BRITO, José de Sousa, *Hermenêutica e Direito*, Separata do vol.

LXII (1986) do Boletim da Faculdade de Direito, Universidade de Coimbra, Coimbra, 1990

CALVO GONZÁLEZ, José, *Uma mano de tinta*, Málaga, Deputación Provincial de Málaga, 2002

—, *La Justicia como Relato*, 2ª ed., Málaga, Ágora, 2002 (1ª ed. 1996)

CAMUS, Albert, *Les Justes, La Chute*, in *Oeuvres*, "Bibliothèque de la Pléiade", Paris, Gallimard, 2 vols..

CANARIS, Claus-Wilhelm, *Systemdenken und Systembegriff in der Jurisprudenz*, 2ª ed., Berlim, Duncker und Humblot, 1983 (*Pensamento sistemático e conceito de sistema na ciência do Direito*, ed. port. com introdução e tradução de A. Menezes Cordeiro, Lisboa, Fundação Calouste Gulbenkian, 1989)

CANOTILHO, J. J. Gomes, *Direito Constitucional e Teoria da Constituição*, 7ª ed., Coimbra, Almedina, 2003

CARL J. FRIEDRICH, *Die Philosophie des Rechts in Historischer Perspektive*, Goetingen/Heidelberg, Springer, 1955, trad., cast., *La Filosofia del Derecho*, 3ª reimp., Mexico, Fondo de Cultura Económica, 1964, p. 331 ss. (= *Idem*, in *Vanderbilt Law Review*, XIV, oct. 1961, p. 1027 ss.).

CARREIRA, José Nunes, *Filosofia antes dos Gregos*, Mem Martins, Europa-América, 1994

CHORÃO, Mário Bigotte, *Temas Fundamentais de Direito*, Coimbra, Almedina, 1986

CLINES, David J A., *The Book of Job*, in *The Oxford Companion to the Bible*, ed. by Bruce M. Metzger/ Michael D. Coogan, New York/ Oxford, Oxford University Press, 1993, p. 368 ss.

CORNFORD, F. M., *Principium Sapientiæ. The Origins of greek Philosophical Thought*, Cambridge, Cambridge University Press, 1952, ed. port., trad. de Maria Manuela Rocheta Santos, *As Origens do Pensamento Filosófico grego*, Prefácios de W. K. C. Guthrie, Lisboa, Fundação Calouste Gulbenkian, 1975

COWELL, Frank Richard, *Cicero and the Roman Republic*, 4ª ed., Harmondsworth, Middlesex, Penguin Books, 1967, trad. port. de Maria Helena Albarran de Carvalho, *Cícero e a República Romana*, Lisboa, Ulisseia, s/d

CRUZ, Sebastião, *Direito Romano*, I, 3ª ed., Coimbra, Edição do Autor, 1980

—, *Ius. Derectum (Directum)..., Relectio*, Coimbra, edição do autor, 1971

D'AMATO, Anthony/JACOBSON, Arthur J., *Justice and the Legal System. A Coursebook*, Cincinati, Anderson, 1992, Teacher's Manual

DAVIDSON, D., *Inquires into truth and interpretation*, Oxford, Claredon Press, 1985

DEMBOUR, Marie-Benedicte, *Le pluralisme juridique: une démarche parmi d'autres, et non plus innocente*, in «Revue Interdisciplinaire D'Etudes Juridiques», nº 24, 1990, p. 43 ss.. GOETHEM, H. VAN/WAELKENS, L./BREUGELMANS, K. (dir.), *Libertés, Pluralisme et Droit*, Bruxelles, Bruyllant, 1995.

DICKENS, Charles, *Bleak House* (ed. de bolso, *v.g.*: Wordsworth Classics, reimp., 1995)

DOSTOIEWSKI, *Crime e Castigo* (ed. port. de bolso: Minerva, 2 vols.; Civilização)

DOUZINAS, Costas/GEAREY, Adam, *Critical Jurisprudence. The Political Philosophy of Justice*, Oxford/Portland Oregon, Hart Publishing, 2005

ECO, Umberto, *La Vertigine della Lista*, Bompiani, 2009, trad. port. de Virgílio Tenreiro Viseu, *A Vertigem das Listas*, Lisboa, Difel, 2009

ENGISH, Karl, *Einfuehrung in das juristische Denken*, trad. port., *Introdução ao Pensamento Jurídico*, 5ª ed., Lisboa, Fundação Calouste Gulbenkian, 1979

FARBER, Daniel A./SHERRY, Suzanna, *Legal Storytelling and Constitutional Law. The Medium and the Message*, in *Law Stories. Narrative and Rhetoric in the Law*, ed. por PETER BROOKS/PAUL GEWIRTZ, New Haven e Londres, Yale University press, 1996

—, *Beyond all reason: the radical assault on truth in American Law*, New York, Oxford University Press, 1997

FASSÒ, Guido, *Storia della filosofia del diritto*, Bologna, Il Mulino, 1970, 3 vols., trad. cast. de José F. Lorca Navarrete, *Historia de la Filosofía del Derecho*, Madrid, Pirámide, 1982, 3 vols., I vol. *Antiguedad y Edad Media*

FENTRESS, James/WICHKAM, Chris, *Remembering. In social memory*, Oxford, Blackwell, 1992

FERRI, Henrique, *Discursos de Acusação (Ao lado das Vítimas)*, trad. port. de Fernando de Miranda, 5ª ed., Coimbra, Arménio Amado, s.d..

—, *Discursos de Defesa (Defesas Penais)*, trad. port. de Fernando de Miranda, 6ª ed., Coimbra, Arménio Amado, s.d.

FINLEY, M. I., *A Economia Antiga*, 2ª ed. port., trad. de Luísa Feijó e Carlos Leite, Porto, Afrontamento, 1986 (orig. Univ. of California Press, 1973)

—, *Ancient History – evidence and models*, Darwin College, University of Cambridge, 1985, trad. bras. de Valter Lellis Siqueira, *História Antiga – testemunhos e modelos*,

—, *The World of Odysseus*, New York, The Viking Press, trad. port. de Armando Cerqueira, *O Mundo de Ulisses*, Lisboa, Presença/Martins Fontes, 1972.

—, *Politics in the Ancient World*, Cambridge, Camb. Univ. Press, 1983

—, *The Ancient Greeks*, trad. de Artur Morão, revisão do Dr. José

BIBLIOGRAFIA CITADA

Ribeiro Ferreira, *Os Gregos Antigos*, Lisboa, Edições 70, 1988

FISKE, John, *Introduction to Communication Studies*, trad. port. de Maria Gabriel Rocha Alves, *Teoria da Comunicação*, 5ª ed., Porto, Asa, 1999

FOUCAULT, Michel, *A Verdade e as Formas Jurídicas*, ed. bras., Rio de Janeiro, P.U.C., 1974

FOULQUIÉ, Paul, *La Dialéctique*, Paris, PUF, 1949, trad. port. de Luís A Caeiro, *A Dialética*, 2ª ed., Mem Martins, Europa-América, 1974

FREITAS, Juarez, *A Substancial Inconstitucionalidade da Lei Injusta*, Petrópolis, RJ, Vozes; Porto Alegre, RS, EDIPUCRS, 1989

FREIRE, Paschoal José de Mello, *História do Direito Civil Português*, trad. do latim do Dr. Miguel Pinto de Meneses, *in* "Boletim do Ministério da Justiça", nº 173, Lisboa, Fev. 1968

—, *Resposta á segunda censura*, Lisboa

GADAMER, Hans-Georg, *Wahreit und Methode*, 3ª ed., Tuebingen, J. C. B. Mohr (Paul Siebeck), 1973 (1ª ed. – 1960), trad fr. Etienne Sacre, rev. Paul Ricoeur, *Vérité et Méthode. Les grandes lignes d'une herméneutique philosophique*, Paris, Seuil, 1976

GARAPON, Antoine, *Bien juger*, Paris, Odyle Jacob, 1997, trad. port. de Pedro Filipe Henriques, *Bem Julgar. Ensaio sobre o Ritual Judiciário*, Lisboa, Instituto Piaget, 1999

—, *L'âne portant des reliques – Essai sur le rituel judiciaire*, Paris, Le Centurion, 1985

GARCÍA-GALLO, Alfonso, *Antologia de Fuentes del Antiguo Derecho. Manual de Historia del Derecho*, II, 9ª ed. Rev., Madrid, 1982

GARCÍA-HUIDOBRO, Joaquín, "Antígona: el descubrimiento del límite", in *Naturaleza y Politica*, Valparaiso, EDEVAL, 1997

GAUCHET, Marcel, *Le desenchantement du monde*, Paris, Gallimard, 1985

GILISSEN, Jonh, *Introdução Histórica ao Direito*, ed. port., trad. de A. M. Hespanha e L. M. Macaísta Malheiros, Lisboa, Fundação Calouste Gulbenkian, 1988

GINZBURG, Carlo, *Il formaggio e i vermi: il cosmo di un mugnaio del '500*, Turim, Einaudi, 1976

GOETHE, *Conversations avec Eckermann (1836-1848)*, trad. fr. par J. Chuzeville, nouvelle éd. Revue et présentée par Cl. Roels, Paris, Gallimard, 1988

GOMBRICH, E. H., *The Story of Art*, 9ª ed., Londres, Phaidon, 1995, trad. fr. de J. Combe e C. Lauriol, *Histoire de L'Art*, nova ed. revista e aumentada, Paris, Gallimard, 1997

GOODY, Jack, *The logic of writing and the organisation of society*, Cambridge University Press, 1986, trad. port. par Teresa Louro Pérez, *A lógica da escrita e a organização da sociedade*, Lisboa, Edições 70, 1987

GRANERIS, Giuseppe, *Contribución tomista a la filosofía del derecho*, trad. cast. de Celina Ana Lértora Mendoza, Buenos Aires, Editorial Universitaria de Buenos Aires, 1973

GREGORY, Brads, *The Unintended Reformation: How a Religious Revolution Secularized Society*, Belknap Press of Harvard Univer. Press, Cambridge (Mass), e Londres, 2012

GRIMAL, Pierre, *La Civilisation romaine*, Paris, Arthaud, 1984, trad. port. de Isabel St. Aubyn, *A Civilização Romana*, Lisboa, Edições 70, 1988

GRIMALDI, Nicolas, *Court traité du désenchantement*, Paris, PUF, 1999

GUSMÃO, Paulo Dourado de, *Introdução ao Estudo do Direito*, Rio, 17ª ed., 1995

GUZMÁN BRITO, Alessandro, *El Derecho, ciencia humanistica o social? Y otros problemas, in* RDUCV, XII, 1988, p. 11 ss.

HAMBURGER, Jean (coord.), *La philosophie des sciences aujourd'hui*, trad. port. de António Moreira, *A Filosofia das Ciências Hoje*, Lisboa, Fragmentos, 1988

HEGEL, *Introdução à História da Filosofia*, trad. port. do Dr. A Pinto de Carvalho, prefácio do Prof. Joaquim de Carvalho, 3ª ed., Coimbra, Arménio Amado, 1974

HERVADA, Javier/ANDRES MUÑOZ, Juan, *Derecho. Guía de los Estudios Universitarios*, Pamplona, EUNSA, 1984 (Há ed. port., Porto, Rés, s/d)

HESSE, Hermann, *Das Glasperlenspiel. Versuch einer Lebensbeschreibung des Magister Ludi Josef Knecht*, Zürich, Fretz und Wasmuyh, 2 vols., 1943

HORWITZ, J. Morton, *The Transformation of American Law*, reed., 1992

HOURMANT, François, *Le désenchantement des clercs*, Paris, PUF, 1997

HOWARD, Philip K., *The Death of Common Sense. How Law is Suffocating America*, Nova Iorque, Random House, 1994 http://perso.club-internet.fr/sergecar/cours/droit1.htm#force; http://mapage.noos.fr/philosophie/philo/menucor/dissert/le...droit...et...la...force.html;

LEMIEUX, Pierre, *La force et le droit*, http://www.quebecoislibre.org/990925-4.htm.http://www.antidemocrature.org/; http://www.antidemocrature.org/article.php3?id...article=73.

ISIDORO DE SEVILHA, *Etymologiæ*.

IVAINIER, Theodore, *L'Interprétation des faits en Droit*, Paris, LGDJ, 1988

JACOBSON, Arthur/SCHLINK, Bernhard, *Weimar: a Jurisprudence of Crisis*, University of California Press, 2002

JAEGER, Werner, *Paideia, Die Formung des Griechichen Menschen*, Berlin, Walter de Gruyter, 1936, trad. port. de Artur M. Parreira, *Paideia. A Formação do Homem Grego*, Lisboa, Aster, 1979

KEESING, Roger M., *Cultural Anthropology. A Contemporary Perspective*, 2ª ed., New York et al., Holt, Reinehart and Winston, 1981

KELSEN, Hans, *Reine Rechtslehre*, trad. port. e prefácio de João Baptista Machado, *Teoria Pura do Direito*, 4ª ed. port., Coimbra, Arménio Amado, 1976

KITTO, H. D. F., *The Greeks*, Harmondsworth, Middlesex, Penguin Books, trad. port. de José Manuel Coutinho e Castro, *Os Gregos*, 3ª ed., Coimbra, Arménio Amado, 1980

KNAPP, Viktor, *La Ciencia Juridica*, in Mikel DUFRENNE/Viktor KNAPP, *Corrientes de la investigación en las ciencias sociales*, 3. *Arte y Estética. Derecho*, trad. cast., Madrid, Tecnos/Unesco, 1982, p. 459 ss.

KUHN, Thomas S., *The Structure of Scientific Revolutions*, Chicago, Chicago University Press, 1962

La Loi, vol. XXV de «Archives de Philosophie du Droit», Paris, Sirey, 1980

LADEVÈZE, Luis Núñez, *Lenguaje jurídico y ciencia social*, Madrid, Akal, 1977

LALANDE, André (dir.), *Vocabulaire Technique et Critique de la Philosophie*, Paris, P.U.F., trad. port. coord. por António Manuel Magalhães, *Vocabulário – técnico e crítico – da Filosofia*, Porto, Rés, s/d, 2 vols.

LANDOWSKI, Eric, «Vérité et véridiction en droit», in *Droit et Société*, nº 8, 1988, Paris, LGDJ/CRIV, p. 45 ss..

LE GOFF, Jacques, *Memória*, in *Enciclopédia* (Einaudi), 1. *Memória-História*, ed. port., Lisboa, Imprensa Nacional-Casa da Moeda, 1984

LEMIEUX, Pierre, *La force et le droit*, http://www.quebecoislibre. org/990925-4.htm.

«*Legislação. Cadernos de Ciências da Legislação*», Lisboa, INA, publ. periód. em curso de publicação

LIMA, Paulo Butti de, *L'Inquiesta e la Prova. Immagine storiografica, pratica giuridica e retorica nella Grecia classica*, Turim, Einaudi, 1996

LOIS ESTEVES, Jose, *La investigacion cientifica y su propedeutica en el Derecho*, Facultad de Derecho, Univ. Central de Venezuela, Caracas, I, 1970, II, 1972

LOPES, Mônica Sette, *Uma Metáfora: Mítica e Direito*, São Paulo, LTr, 2006

MACHADO, João Baptista, *Do Formalismo Kelseniano e da 'Cientificidade' do Conhecimento Jurídico*, Coimbra, 1963

—, *Introdução ao Direito e ao Discurso Legitimador*, reimp., Coimbra, Almedina, 1985

MALAURIE, Philippe, *Droit et Littérature*, Paris, Cujas, 1997

MANSELL, Wade *et al.*, *A critical Introduction to Law*, 3ª ed., Londres *et al.*, Cavendish, 2004

MARC, Alexandre, *De la Méthodologie à la Dialectique*, Paris, Presses D'Europe, 1970

MARI, Enrique, «*Jeremy Bentham: du 'souffle pestilentiel de la fiction' dans le droit à la théorie du droit comme fiction*», in *Revue Interdisciplinaire d'Etudes Juridiques*, 1985, nº 15, p. 1 ss.

MARÍAS, Javier, *Cuando fui Mortal*, Madrid, Alfaguera, 1996

MARIETTI, Angele Kremer, *Le concept de science positive, ses tenants et ses aboutissants dans les stuctures anthropologiques du positivisme*, Paris, Klincksieck, 1983

MARINHO, Jose, *Teoria do Ser e da Verdade*, Lisboa, Guimarães Editores, 1961

MARQUES GUEDES, Armando, *Entre Factos e Razões. Contextos e Enquadramentos da Antropologia Jurídica*, Coimbra, Almedina, 2005

MARQUISET, Jean, *Les Gens de Justice dans la Littérature*, Paris, L.G.D.J., 1967

MAUSS, Marcel, *Sociologie et Anthropologie*, com introd. de Claude Lévi-Strauss, Paris, P.U.F., 1973 (inclui, na 2ª parte: *Essai sur le don. Forme et raison de l'échange dans les sociétés archaïques*, que fora publicado inicialmente in *L'Année Sociologique*, 2ª série, 1923-1924, t. I)

MAZZACANE, Aldo, *El Jurista y la Memoria, in* CARLOS PETIT (ed.), *Pasiones del jurista: amor, memoria, melancolía, imaginación*, Madrid, Centro de Estudios Constitucionales, 1997, p. 75 ss..

MEESE, E., "Promoting Truth in the Courtroom", *Vanderbilt Law Review*, nº 40/2, 1987, p. 271 ss.

MENAUT, António Carlos Pereira, *La Ética Protestante y el Espírito de Brad Gregory*, in "Dereito", 22 (2013)

MINAUD, Marie-Françoise, *Étude sur Antigone*, Paris, Ellipses, 2007

MINGUEZ PEREZ, Carlos, *De Ockham a Newton: La Formacion de la Ciencia Moderna*, Madrid, Cincel, 1989

MIRANDA, Jorge/SOUSA, Marcelo Rebelo de (coord.), *A Feitura das Leis*, L., 1986, 2 vols.

MISHA TITIEV, *Introdução à Antropologia Cultural*, trad. port., 3ª ed., Lisboa, Fundação Calouste Gulbenkian, 1979

MONTORO BALLESTEROS, Alberto, *Razones y limites de al legitimación democrática del Derecho*, Murcia, Universidad de Murcia, 1979

MOSSÉ, Claude/SCHNAPP-GOURBEILLON, Annie, *Précis d'Histoire Grecque*, Paris, Armand Colin, 1991, trad. port. de Carlos Carreto, revisão científica de Amílcar Guerra, *Síntese de História Grega*, Porto, Asa, 1994

MOSSÉ, Claude, *Comment s'élabore un mythe politique: Solon, 'père fondateur' de la démocratie athénienne*, in «Annales. Economies. Sociétés. Civilisations», 34º ano, nº 3, Maio-Junho 1979, p. 425 ss..

—, *La Grèce Archaique D'Homère à Eschyle*, Paris, Seuil, 1984, trad.

port. de Emanuel Lourenço Godinho, revisão do Dr. José Ribeiro Ferreira, *A Grécia Arcaica de Homero a Ésquilo*, Lisboa, Edições 70, 1989
—, *Les Institutions Grecques*, Paris, Armand Colin, trad. port. de António Imanuel Dias Diogo, *As Instituições Gregas*, Lisboa, Edições 70, 1985

NERHOT, Patrick, *Au commencement était le droit*, in Passés recomposés. Champs et Chantiers de l'Histoire, dir. por Jean Boutier e Dominique Julia, Paris, «Autrement», série Mutations, nº 150/151, 1996, p. 82 ss..

NESTLE, Wilhelm, *Vom Mythos zum Logos. Die Selbstentfaltung des griechischen Denkens von Homer bis auf die Sophistik und Sokrates*, 2ª ed., Stuttgart, Alfred Kröner, 1975

NEVES, A. Castanheira, «Fontes do Direito», in *Pólis*, II, Lisboa/São Paulo, 1984, cols 1512 ss.
—, *Anotação* ao Acordão do TC nº 810/93, in *Revista de Legislação e Jurisprudência*, nº 3839, ano 127, Junho 94, p. 63 ss. e nº 3840, Julho 94, p. 79 ss..
—, *Metodologia Jurídica. Problemas Fundamentais*, Coimbra, 1993

NEVES, Fernando dos Santos, *Introdução ao Pensamento Contemporâneo. Razões e Finalidades*, Lisboa, Edições Universitárias Lusófonas, 1997

NIETZSCHE, Friedrich, *Über Wahreit und Lüge im aussermoralischen Sinne*, in *Werke*, III, Schlechta, Frankfurt, Ullstein, ed. de 1979

ORTEGA, Alfonso, *Retorica. El Arte de Hablar en Publico. Historia-Metodo y Tecnicas Oratorias*, Madrid, Ideas Culturales, Instituto Europeo de Retorica, 1989

ORTEGA Y GASSETT, *Democracia morbosa*, 1917, *Obras completas*, vol. II, Alianza, Madrid 1987

PAPA FRANCISCO, *Evangelii Gaudium*, 218 (trad. das ed. Paulinas, com muito ligeiras adaptações estilísticas)

PEREIRA, Maria Helena da Rocha (org. e trad. do original), *Hélade. Antologia da Cultura Grega*, 7ª ed., Coimbra, Faculdade de Letras da Universidade de Coimbra – Instituto de Estudos Clássicos, 1998
—, *Estudos de História da Cultura Clássica*, I vol. *Cultura Grega*, 5ª ed., Lisboa, Fundação Calouste Gulbenkian, 1980

PERELMAN, Chaim (com a colab. L. Olbrechts-Tyteca), *Traité de l'argumentation. La nouvelle rhétorique*, 4ª ed., Bruxelas, Univers. Bruxelas, 1983
—, "Nouvelle rhétorique et droit naturel", in *Critique de la pensée juridique moderne*, Paris, Dalloz, 1976
—, *Ethique et Droit*, Ed. Univ. Bruxelles, Bruxelles, 1990
—, *L'usage et l'abus des notions confuses*, in "Logique et analyse", nº 81, mars 1978

—, *O Império Retórico. Retórica e Argumentação*, trad. port. de Fernando Trindade e Rui Alexandre Grácio, Porto, Asa, 1993

—, *Rhetoriques*, Bruxelles, Editions de l'Université de Bruxelles, 1989; Idem, *Logique Juridique, Nouvelle Rhétorique*, Paris, Dalloz, 1976

—, "Opinions et vérité", in *Rhetoriques*, Bruxelles, Editions de l'Université de Bruxelles, 1989, p. 425 ss.

PERRIN, J.-F. (*et alii*), *Pour une théorie de la connaissance juridique*, Genève, Droz, 1979

PESSOA, Fernando, *O Preconceito da Ordem*, Lisboa, Guimarães, 2009

PLUTARCO, *Tibério Graco, Caio Graco e Caio e Tibério Graco e Agis e Cleomenes comparados*, in *Vidas de Ilustres Gregos e Romanos* ou *Vidas Paralelas*.

POPPER, Karl, *A Lógica da Pesquisa Científica*, ed. bras., São Paulo, Cultrix e ed. Univ. de S. Paulo, 1985

—, *Conocimiento Objectivo*, trad. cast., Madrid, Tecnos, s/d

POSNER, Richard A., *Overcomig Law*, Cambridge, Harvard University Press, 1995, trad. port. de Evandro Ferreira e Silva, *Para Além do Direito*, São Paulo, wmf Martins Fontes, 2009

PRACONTAL, Michel de, *L'Imposture Scientifique en dix Leçons*, Paris, La Découverte, 1986

PUY, Francisco, «Tópica Juridica», in *Manual de Filosofía del Derecho*, coord. Francisco Puy Muñoz e Ángeles López Moreno, Madrid, Colex, 2000

—, *Tópica Jurídica*, Santiago de Compostela, Imprenta Paredes, 1984

QUENTAL, Antero de, *Sonetos*, ed. org. e pref. por António Sérgio, 7ª ed., Lisboa, Sá da Costa, 1984

RABELAIS, *La Vie de Gargantua et de Pantagruel*, V, 25

RACINE, *Les Plaideurs* (*v.g. in* ed. *Théâtre Complet*, texte établi, avec préface, notices et notes par Maurice Rat, Paris, Garnier, 1960, p. 179 ss.)

RADBRUCH, Gustav, *Filosofia do Direito*, 4ª ed. revista e acrescida dos últimos pensamentos do autor, trad. e prefácios do Prof. L. Cabral de Moncada, Coimbra, Arménio Amado, 1961, 2 vols.

—, *Introduccion a la filosofía del derecho*, 4ª ed. cast., México, FCE, 1974

RAMBALDI, Enrico, *Dialética*, in "Enciclopédia Einaudi", vol. X, edição portuguesa, Lisboa, Imprensa Nacional – Casa da Moeda, 1998, p. 84 ss.

ROBERT, Christian Nils, *L'impératif sacrificiel. Justice pénale: au-delà de l'innocence et de la culpabilité*, Lausanne, D'en Bas, 1986

ROBERT, Henri, *Les Grands Procès de l'Histoire*, trad. port. de J. Costa Neves e Leonel Vallandro, *Os Grandes Processos da História*, trad. port. Lisboa, Livros do Brasil, s/d

BIBLIOGRAFIA CITADA

ROCHE, Daniel, *Histoire des choses banales*, Paris, Fayard, 1997

RORTY, Richard, *Contingency, Irony, and Solidarity*, Cambridge, Cambridge University Press, 1989, citando logo de início Milán Kundera, *A Arte do Romance*

ROULAND, Norbert, *Anthropologie Juridique*, Paris, P.U.F., 1988; Idem, *L'Anthropologie Juridique*, Paris, P.U.F., "Que sais-je?", 1990; Idem, *Aux Confins du Droit*, Paris, Odile Jacob, 1991

SÁ, Luís, *Introdução à Teoria do Estado*, Lisboa, Caminho, 1986

SANTIAGO NINO, Carlos, *Introducción al análisis del derecho*, 1ª ed. esp., Barcelona, Ariel, 1983

SARTRE, Jean-Paul, *Les mains sales* (*v.g. in* ed. de bolso, com trad. port. de António Coimbra Martins, *As Mãos Sujas*, Lisboa, Europa-América, 1972)

SAVIGNY *at alii*, trad. cast., Buenos Aires, Editorial Losada, 1949

—, *System des heutigen Römische Rechts* (1840

SCHMITT, Carl, *Sobre as três modalidades científicas do pensamento jurídico*, trad. port., *in* "Boletim do Ministério da Justiça", nº 26-27, Lisboa, Set-Nov. de 1951

SCHOENFELD, Walter, *Vom Problem der Rechtsgeschichte*, "Schriften der Koenigsberger Gelehrten Gesellschaft. Geisteswissenschaftliche Klasse", 6, 1927.

SCHULZ, F., *Prinzipien des roemischen Rechts*, Berlin, 1954

SEGURO, António José, *Afinal nem todos estamos incomodados*: http://www.partido-socialista.net/pspe/deputados99/antonio-seguro/documentos/euronoticias02022000.html

SERRES, Michel, *Les origines de la géométrie*, Paris, Flammarion, 1993, trad. port. de Ana Simões e Maria da Graça Pinhão, *As Origens da Geometria*, Lisboa, Terramar, 1997

—, *Le contrat naturel*, François Bourin, Paris, 1990

SHAKESPEARE, William, *The Merchant of Venice* (ed. de bolso, bilingue, trad. de D. Luís de Bragança, Publicações Europa América)

SICHIROLLO, Livio, *Dialletica*, Milão, ISEDI, 1973, trad. port. de Lemos de Azevedo, *Dialética*, Lisboa, Presença, 1980

SILVA, Agostinho da, *Ir à Ìndia sem abandonar Portugal*, Lisboa, Assírio & Alvim, 1994

—, "A Justiça", in *Diário de Alcestes*, nova ed., Lisboa, Ulmeiro, 1990

SNELL, Bruno, *Die Entdeckung des Geistes*, Goettingen, Vandwnhoeck & Ruprecht, 1975, trad. port. de Artur Morão, *A Descoberta do Espírito*, Lisboa, Edições 70, 1992

STEINER, George, *Antígonas*, trad. port., Lisboa, Relógio D'Água, 1995

STITH, Richard, "Habra Ciencia del Derecho en el siglo XXI?", *in* AA. VV., *En el umbral del siglo XXI. Nuevos conceptos y institutiones juridicas?*, Valparaiso, EDEVAL, 1989

STRECK, Lenio Luiz, *Voluntas legis Versus Voluntas Legislatoris: Esclarecendo a Inutilidade da Distinção*, in "Direitos Fundamentais & Justiça", ano 7, nº 25, Out./Dez. 2013

TALIN, Christian, *Ontologie criminelle chez Dostoïevski*, "Revue Internationale de Philosophie Pénale et de Criminologie de l'Acte, nº 7-8, pp. 7-19

TEIXEIRA, António Braz, *Sentido e Valor do Direito. Introdução à Filosofia Jurídica*, 2ª ed., Lisboa, Imprensa Nacional-Casa da Moeda, 2000

TERESA DE ÁVILA, Santa, *Moradas do Castelo Interior*, trad., introd. e notas de Manuel de Lucena, Lisboa Assírio & Alvim, 1998

TERRIEN, Samuel, *Job*, Delachaux & Niestlé, Neuchâtel, 1963

THELENE, Catherine Colliot, *Le desenchantement de l'Etat*, Paris, Minuit, 1992

THOMAS, Yan, *Mommsen et l'"Isolierung' du Droit (Rome, Allemagne et l'État)*, Paris, diff. Boccard, 1984

TODOROV, Tzvetan, "Un mouvement d'émancipation", *in Les Lumières*, Paris, Le Magazine Littéraire, Nouveaux Regards, t. I, 2013

TOMÁS DE AQUINO, *Verdade e Conhecimento*, trad., introd., notas de Luiz Jean Lauand e Mario Bruno Sproviero, São Paulo, Martins Fontes, ed. de 1999

TORREL, Jean-Pierre, OP, *Initiation à Saint Thomas d'Aquin. As personne et*

son œuvre, Editions Universitaires Fribourg, Suisse/Paris, Cerf, 1993, trad. bras. de Luiz Paulo Rouanet, *Iniciação a Santo Tomás de Aquino. Sua pessoa e obra*, São Paulo, Edições Loyola, 1999

TRIGEAUD, Jean-Marc, «*La Théorie du Droit face aux savoirs de substitution*», in *Persona y Derecho*, vol. 32, 1995, p. 23 ss.

TROUSSON, Raymond, *Voyages aux Pays de nulle part. Histoire littéraire de la pensée utopique*, 2ª ed., Bruxelas, Editions de l'Université de Bruxelles, 1979

TRUYOL SERRA, Antonio, *Historia da Filosofia do Direito e do Estado*, vol. I. *Das Origens à Baixa Idade Média*, ed. port., trad. de Henrique Barrilaro Ruas, Lisboa, Instituto de Novas Profissões, 1985

TZITZIS, Stamatios, *La Naissance du Droit en Grèce*, in *Instituições de Direito*, I vol., *Filosofia e Metodologia do Direito*, org. de Paulo Ferreira da Cunha, Prefácio de Vítor Aguiar e Silva, Coimbra, Almedina, 1998, p. 191 ss.

—, *La Philosophie Pénale*, Paris, P.U.F., 1996

—, *Le Juge et la Vérité*, "Crises", 4, 1994, p. 103 ss.

VALLANÇON, François, *Domaine et Propriété (Glose sur Saint Thomas D'Aquin, Somme Theologique IIA IIÆ QU 66 ART 1 et 2)*, Université de Droit et Economie et de Sciences Sociales de Paris (Paris II), Paris, 1985, 3 vols.

VALLET DE GOYTISOLLO, Juan, *A Encruzilhada Metodológica Jurídica no Renascimento, a Reforma, a Contra-Reforma*, trad. port. de Fernando Luso Soares Filho, Lisboa, Cosmos, 1993

—, *Derecho y Verdad*, separata de "Verbo", Speiro, 1996, série XXXV, nº 347-348

VIEHWEG, Theodor, *Topik und Jurisprudenz*, Muenchen, C. H. Beck'sche V., 1963, edição castelhana, trad. de Luiz Diez-Picazo Ponce de León, *Tópica y Jurisprudencia*, 1º reimp., Madrid, Tauros

VILLEY, Michel, *[Précis de] Philosophie du Droit*, I, 3ª ed., Paris, Dalloz, 1982

—, «Nouvelle Rhetorique et Droit Naturel», in *Critique de la pensée juridique moderne*, Paris, Dalloz, 1976

—, *Abrégé de droit naturel classique*, in "Archives de Philosophie du Droit", VI, Paris, Sirey, 1961, pp. 25-72, recolhido in *Leçons D'Histoire de la Philosophie du Droit*, nova ed., Paris, Dalloz, 1962

—, *De L'Indicatif dans le droit*, in «Archives de Philosophie du Droit», XIX, Paris, Sirey, 1974

—, *La Formation de la Pensée Juridique Moderne*, Paris, Montchrestien, 1975

—, *Le Droit Romain*, 8ª ed., Paris, PUF, 1985 (1ª ed., 1945)

—, *Lições Preliminares de Direito*, 25ª ed., São Paulo, Saraiva, 2000

—, *Philosophie du Droit*, II, 2ª ed., Paris, Dalloz, 1984

—, *Préface* a *Littératures contemporaines sur la 'Topique Juridique'*, de Peter Degadt, Paris, P.U.F., 1981

—, *Questions de St. Thomas sur le droit et la politique ou le bon usage des dialogues*, Paris, P.U.F., 1987

—, *Réflexions sur la philosophie et le droit. Les Carnets*, textos preparados e indexados por Marie-Anne Frison-Roche e Christophe Jamin, Paris, PUF, 1995

VITORINO, Orlando, *Le Raisonnement de l'injustice*, in "Archiv fuer Rechts- und Sozialphilosphie, Wiesbaden, vol. LIX/4, 1973.

—, *Refutação da Filosofia Triunfante*, Lisboa, Guimarães Editores, 1983

VON KIRCHMANN, J. G., *El Carácter A-Científico de la llamada Ciencia del Derecho*, in *La Ciencia del Derecho*, de SAVIGNY *at alii*, trad. cast., Buenos Aires, Editorial Losada, 1949

WARD, Ian, *Introduction to Critical Legal Theory*, 2ª ed., Nova Iorque, *et al.*, Routledge/Cavendish, 2004

YVES LEMOINE/JEAN-PIERRE MIGNARD, *Le Défi d'Antigone. Promenade parmi des figures du droit natural*, Paris, Michel de Maule, 2012

ZARADER, Marlène, *La dialectique du crime et du châtiment chez Hegel et Dostoïevski*, "Revue de Métaphysique et de Morale", nº 3, juillet--septembre 1976, Paris, Armand Colin, pp. 350-375.

ZBANKOWSKI, Z., "The value of truth. Fact scepticism revisited", *Legal Studies*, nº 1, 1981, p. 257 ss.

PORTAIS E LIGAÇÕES

Aristóteles, *Retórica* (em inglês) – http://www.perseus.tufts.edu/ cgi-bin/ptext?doc =Perseus%3At ext%3A1999.01.0060&query=to c&layout=&loc=1354a

Carlo Michelstaedter – La persuasion et la rhétorique – http://www.cam.org/~ gagnonc/light.html

Daniel Maher – La rhétorique et les figures de style – http://www.ucalgary.ca/ ~dmaher/figures.htm

Discussion for All Ages – http://www.greatbooks.org/home.shtml

Elementos de Retórica – http://sites.uol.com.br/radamesm/index.htm

Figure Retoriche – http://www.mclink.it/personal/MC4491/retor.htm

Fleurs de Rhétorique – archives – http://perso.easynet.fr/~ghatt/archives.htm (com links para artigos)

Fleurs de Rhétorique – http://www.hatt.nom.fr/rhetorique/

Grupo de Retórica Medieval, Universidade de Granada – http://www.ugr.es/~retmed/

Hispanic Rhetoric and Composition – http://www.acs.ucalgary.ca/~gimenez/499...06...Course-Sheet.htm (página de curso na Universidade de Calgary)

La rhétorique dans les débats scientifiques.. – http://www.lemennicier.com/rh%E9torique/la...rh%E9torique.htm

La rhétorique de la publicité (figuras de retórica) – http://psychcom.free.fr/rhetoriques.htm

Le Figure Retoriche – http://members.xoom.virgilio.it/...XOOM/maronius/retorical.htm

Öfeningen in Retorica – http://www.inzet.nl/bladen/inzet34/azie.html

Poética y retórica tradicionales (página de disciplina) – http://www.ffil.uam.es/decanato/11909.htm

Qu'est ce que la rhétorique? – http://www.comm.uqam.ca/~LTI/rhetorique/ lecon4p1.html

Répertoire de procédés littéraires – http://www.cafe.umontreal.ca/cle/index.html

Retórica – A técnica da persuasão, por Tito Cardoso e Cunha – http://www.terravista.pt/Ancora/2254/retorica.htm

Rhetorical Structure Theory – http://www.sil.org/~mannb/rst/index.htm

Rhétorique judiciaire – http://cafe.etfra.umontreal.ca/cle/groupes/g128605.html

Seminar für Allgemeine Rhetorik – http://www.uni-tuebingen.de/uni/nas/

The Second Biennial Feminism(s) and Rhetoric(s) Conference – "Challenging Rhetorics: Cross-Disciplinary Sites of Feminist Discourse" – http://femrhet.cla.umn.edu/

Un site pour apprendre les rudiments de l'argumentation et s'y exercer – http://eurocampus.org.ph/EFM/muras/rhetohomep.htm

Une petite page de Rhétorique – http://membres.lycos.fr/alis/

(Lista amavelmente cedida pela Senhora Profª Doutora Maria Luísa Malato, da Faculdade de Letras da Universidade do Porto).

PALIMPSESTOS

Com o devido agradecimento aos editores, enumeramos de seguida alguns textos, que saíram em revistas ou obras colectivas, e que estão na origem dos deste livro, respetivamente:

Parte I: *Memória, Método. Tempo e Lugares para uma Metodologia Jurídica, in* "Revista da Faculdade de Direito da Universidade do Porto", nº 1, 2004.

Parte II: *Retórica e Hermenêutica nas Origens do Direito,* in "Videtur", nº 17, IJI/USP/Mandruvá, 2002.

Parte III: Texto baseado numa conferência proferida no âmbito do IV Colóquio de Outono, subordinado ao tema "Hermenêutica e Ciências Sociais e Humanas", e promovido pelo Centro de Estudos Humanísticos da Universidade do Minho, presidido pelo Prof. Doutor Vítor Aguiar e Silva, Braga, 22 de Novembro de 2001, publicada nos "Estudos em Homenagem ao Prof. Doutor Inocêncio Galvão Teles", organizada pelo Prof. Doutor Januário da Costa Gomes.

Parte V: *Interpretação, Direito e Música,* in "Tribuna", ano 6, nº 12, Maio 2003.

Parte VI: *Dialética, Tópica, ou Retórica Jurídicas?, in* "Revista Telemática de Filosofia del Derecho", nº 6, 2002/2003; *in* "Direito e Justiça. Revista da Faculdade de Direito da Universidade Católica Portuguesa", vol. XVI, 2002, t. 2.

Parte VII: artigo destinado a *International Studies on Law and Education* e *Jurismat*. E com intertextualidades, em alguns pontos, como um contributo para uma obra coletiva, a editar no Brasil, sobre Direitos Fundamentais, sob a direção do Prof. Doutor Alexandre Coutinho Pagliarini.

ÍNDICE ANALÍTICO

OUTROS LIVROS DO AUTOR	5
INTRODUÇÃO DA 1ª EDIÇÃO	13
NOTA À 2ª EDIÇÃO	17
NOTA À 3ª EDIÇÃO	19
ÍNDICE GERAL	23

PARTE I – MEMÓRIA E DIREITO	**25**
CAPÍTULO I – Mitologias, Géneses, Destinos	27
CAPÍTULO II – Diálogos. Escritos e Não Escritos	31
CAPÍTULO III – Memória e Lei	35
CAPÍTULO IV – Memória e Método Jurídico	41
CAPÍTULO V – A Luta pela Memória. Dos *Mnemones* aos Juristas	45

PARTE II – RETÓRICA E HERMENÊUTICA NAS ORIGENS DO DIREITO	**49**
CAPÍTULO I – História Grega	51
CAPÍTULO II – Metodologia Romana	59

PARTE III – DA HERMENÊUTICA JURÍDICA: FUNDAMENTOS, DESAFIOS E FASCÍNIOS	**69**
CAPÍTULO I – Introdução Epistemológica	71
CAPÍTULO II – Fascínios Hermenêuticos	75
CAPÍTULO III – Desafios Hermenêuticos	79
CAPÍTULO IV – Fundamentos Jurídico-Hermenêuticos	83

INICIAÇÃO À METODOLOGIA JURÍDICA

CAPÍTULO V – Novos Fascínios, Novos Desafios:
Reforma Legislativa ou Reforma de Mentalidades?   93

PARTE IV – HERMENÊUTICA, *INVENTIO* E *DISPOSITIO*   99
CAPÍTULO I – Conexões   101
CAPÍTULO II – Ramos do Direito ou Ciências Jurídicas Materiais   105
CAPÍTULO III – Fontes de Direito   111

PARTE V – INTERPRETAÇÃO JURÍDICA E MÚSICA:
UM EXEMPLO INTERDISCIPLINAR   121
CAPÍTULO I – O Ar de Família das Artes e das Ciências   123
CAPÍTULO II – Juristas e Músicos como Intérpretes   125
CAPÍTULO III – Improviso ou Servilismo Interpretativo?   129

PARTE VI – POR UMA RETÓRICA JURÍDICA   131
CAPÍTULO I – Sentidos da Retórica Jurídica   133
CAPÍTULO II – Retóricas, Tópica e Dialética Jurídicas   139
CAPÍTULO III – Da Dialética   143
CAPÍTULO IV – Da Tópica   149
CAPÍTULO V – Porquê Retórica Jurídica?   161

PARTE VII – DO PROBLEMA METODOLÓGICO-
-JURÍDICO NO TEMPO PRESENTE   165
CAPÍTULO I – Encruzilhada Doutrinal   167
CAPÍTULO II – Metodologia Jurídica: Caminho para onde?   175
CAPÍTULO III – Juristas: Antes de Técnicos,
Verdadeiros Filósofos   179
CAPÍTULO IV – Novos Desafios   181

BIBLIOGRAFIA CITADA   185
PORTAIS E LIGAÇÕES   199
PALIMPSESTOS   201
ÍNDICE ANALÍTICO   203